Manuela Oberlechner

Liebevoll erziehen

WIE SIE IHRE KINDER GUT
DURCH DIE ERSTEN
10 LEBENSJAHRE BEGLEITEN

VERLAGSANSTALT ATHESIA | BOZEN

INHALT

„Einen Menschen zu lieben heißt, ihn so zu sehen,
wie Gott ihn gemeint hat.“

Dostojewskij

Eure Beziehung lebt im Zwischenraum

Achte den Raum,
achte das Dazwischen.
Pflege es wie einen Garten.

Bedenke:
Der Zwischenraum Eurer Beziehung
ist der Ort, an dem Eure Kinder aufwachsen.

Frage dich selbst:
Wird das, was ich sage oder tue, diesen Raum reinigen?
Oder wird es den Raum verschmutzen?

Wenn Ihr diesen Zwischenraum achtet,
steht Ihr auf heiligem Boden.

*Auszug aus dem 1. Prinzip des Tikkun-Trainings von Hedi & Yumi Schleifer, basierend auf Harville Hendrix „So viel Liebe, wie du brauchst“

WIDMUNG

Ich war und bin dankbar für die Liebe und Großzügigkeit meiner Eltern. Sie haben mich gelehrt, was Liebe, Großzügigkeit und Lebensfreude bedeuten. Sie haben mich spüren lassen, was es bedeutet, in seiner Familie geborgen, angenommen und aufgehoben zu sein. Ohne viele Worte haben sie mich immer unterstützt und mich meinen Weg gehen lassen. Ihnen widme ich dieses Buch.

1. WAS IST LIEBEVOLLE ERZIEHUNG ?

Liebevolle Erziehung ist spürbar in dem Zwischenraum zwischen Mutter und Kind. Sie ist spürbar zwischen Vater und Kind. Sie ist spürbar zwischen jedem Erwachsenen, der sich für dieses besondere Kind verantwortlich fühlt und mit der Aufgabe betraut ist, es in seiner Entwicklung zum Erwachsensein zu begleiten und zu unterstützen.

Schon Antoine de Saint-Exupery schreibt in seinem kleinen Prinzen:
„Du bist zeitlebens für das verantwortlich, was du dir vertraut gemacht hast."
Er schreibt auch: **„Die Zeit, die du für deine Rose aufgewendet hast, sie macht deine Rose so kostbar."**

Unsere Kinder sind die Rosen in unserem Garten. Wir dürfen über sie staunen und von ihnen lernen, wir dürfen sie großziehen und wir dürfen unsere Zeit mit ihnen teilen. Unsere Kinder sind das kostbarste Geschenk des Lebens an uns selbst.

1.1. Wie liebevoll kann Erziehung sein?

Erziehung kann immer nur so liebevoll sein wie der jeweilige Erzieher. Erziehung ist nichts, was man von der Person trennen könnte, die damit betraut ist. Selbst eine noch so gute Ausbildung und eine noch so große „Kiste" an Methoden machen einen Menschen nicht liebevoll.
Liebe ist ein Geschenk, das man erhalten hat und weitergeben kann. Liebe ist kein Tausch und kein Geschäft. Geschenke kommen von Herzen.

Eltern, die ihre Kinder lieben, knüpfen ihre Liebe nicht an Erwartungen und Leistungen. Ihre Liebe ist allgegenwärtig und sie zeigen sie auf viele Arten. Sie schenken ihrem Kind einen wohlwollenden Blick, sie halten zu ihm oder machen ihm eine Freude mit etwas, was es sich wünscht. Sie werten ihr Kind nicht vor anderen ab, beschämen es nicht und brauchen keine Gewalt, um sich durchzusetzen. Sie versuchen ihr Kind zu fördern und geben ihm die nötige Hilfe.

Liebevolle Erziehung ist das ehrliche Bemühen, Kinder in ihrer Entwicklung zu fördern. Niemand von uns ist perfekt. Es ist beruhigend, dass selbst sehr liebevolle Mütter und Väter ehrlich zugeben: „Manchmal

muss ich tief durchatmen oder ins Nebenzimmer gehen, damit ich es schaffe."
Oft gibt es Situationen, in denen man an die Grenzen der eigenen Belastbarkeit gerät. Ein ehrliches Bemühen ist aber immer eine gute Voraussetzung.

Liebevolle Erziehung ist in erster Linie eine Grundhaltung

Diese Grundhaltung ist geprägt von dem Wunsch, den anderen in seinem Wesen so zu erkennen und zu sehen, wie er gemeint ist. Liebevolle Erziehung bemüht sich darum, den Menschen in seinem Wesen zu akzeptieren und ihm sein Grundrecht auf bedingungslose Liebe zu schenken. Bedingungslose Liebe erklärt sich selbst. Sie wird dem Kind aufgrund seines Daseins mit seinem Geborenwerden in diese Welt geschenkt. Sie ist ein Geschenk, das an keine Voraussetzungen und an keine Verpflichtungen geknüpft ist.

Diese bedingungslose Liebe ist unabdingbare Voraussetzung für eine gesunde psychische Entwicklung und drückt sich in jedem Blick, jeder Geste, jedem Verhalten, jedem Wort und sogar in jedem Gedanken aus. Sensible Menschen – und Kinder sind ganz besonders sensible Menschen – spüren, wenn man ihnen schöne und gute Gedanken schenkt, und nehmen diese in ihr innerstes Wesen auf.

Liebevolle Erziehung kommt von Liebe

Liebevoll in meinem Verständnis lehnt sich an das Wort Liebe an. Mit Liebe ist sowohl die Liebe zwischen Mutter/Vater und Kind gemeint als auch die fürsorgliche Liebe, die sich darin ausdrückt, für den anderen da zu sein, weil der andere – das Kind – kleiner, schwächer, unerfahrener ist und den Schutz der Erwachsenen braucht.

Unter Liebe wird hier eine Liebe verstanden, die darum bemüht ist, dem anderen etwas zu geben. Diese Liebe wird mehr, wenn man sie verschenkt. Es geht nicht um ein oberflächliches Gefühl, das aus eigener Bedürftigkeit heraus entsteht, sondern um eines, das mehr wird, wenn man es gibt. Idealerweise sind die Schenkenden dieser Liebe reife Persönlichkeiten, die gut für sich selbst und ihre eigenen Beziehungen sorgen können und damit die Sicherheit und die Basis einer gesunden Entwicklung des Kindes bereiten.

Liebevolle Erziehung speist sich aus der Liebe zur Menschheit

Liebevolle Erziehung entsteht aus dem Wunsch und Bestreben, der gesamten Menschheit auf unserem Planeten Erde in Liebe zu begegnen. Die Erziehung von Kindern ist ein wesentlicher Beitrag zu diesem großen Ganzen, indem Eltern ihren Teil der Verantwortung für unsere Welt wahrnehmen und ihre Kinder zu liebevollen und respektvollen Menschen erziehen.

Liebevolle Erziehung ist universell

Liebevolle Erziehung ist ihrem Ideal nach universell. Jeder Mensch in der Gesellschaft, der sich seiner Verantwortung als Mensch und Erzieher bewusst ist, trägt dazu bei, unsere Kinder zu erziehen – die Eltern, die Lehrer, alle Erwachsenen in ihrer Funktion als Vorbilder, sei es im direkten Kontakt mit den Kindern oder als Menschen, die lediglich ihren Weg kreuzen.

Liebevolle Erziehung beinhaltet einen Entwicklungsgedanken

Liebevoll zu erziehen bedeutet, Kinder in ihrer persönlichen Entwicklung zu fördern. Kinder sollen dabei unterstützt werden, ihre Charakterqualitäten zu entfalten.

Viele Talente, Begabungen und Interessen sind angeboren. Erst die Erziehung ermöglicht es, dass diese bewusst gemacht und entfaltet werden können. Damit sind gleichermaßen intellektuelle, motorische, handwerklich-kreative sowie soziale Fähigkeiten gemeint.

Liebevolle Erziehung beginnt mit einem ehrlichen Bemühen

Eltern sind nicht perfekt. Perfektion ist nicht der Maßstab, sondern ein ehrliches Bemühen auf der Grundlage der im jetzigen Moment des eigenen Lebens vorhandenen Fähigkeiten und Ressourcen.
Jede Familie und jede Familiensituation ist anders. Liebevolle Erziehung meint daher, sein Kind so gut wie möglich mit reinen und positiven Absichten zu erziehen.

Liebevolle Erziehung ist keine Ansammlung von Erziehungsmethoden, wird aber durch sie unterstützt

Leider gelingt es Eltern nicht immer, rein nach ihrem Gefühl „richtig" zu handeln. Gefühle sind nicht immer frei von Vorerfahrungen negativer Art. Manche Eltern werden in ihrer Aufgabe als Erzieher bestimmt von einer belastenden Kindheit, andere von übernommenen Überzeugungen von Erziehung, die sich als schädlich für die Entwicklung herausgestellt haben.
Wenn sie sich immer noch an diese Überzeugungen und Meinungen klammern, obwohl die Wissenschaft schon lange herausgefunden hat, dass sie sich negativ auswirken, dann ist es Zeit, diese alten Muster über Bord zu werfen.

Beispiele für übernommene Gedanken dieser Art sind Sätze wie:

„Schreien ist gut für die Lungen!"
„Eine gesunde Watsche hat noch niemandem geschadet."

Man spürt, dass Sätze wie diese nicht liebevoll sein können, und es ist besser, sie als überholte Überzeugungen abzulegen, wenn uns eine gute psychische Entwicklung der Kinder am Herzen liegt.

Oft haben Eltern Verhaltensweisen dieser Art von ihren eigenen Eltern gehört oder gelernt. Manchmal lehnen sie sie ab, manchmal zweifeln sie, manchmal meinen sie aber auch, dass sie wirklich der Wahrheit entsprechen könnten. Es ist aber auf jeden Fall wichtig, diese

Erziehungsmuster als das zu sehen, was sie in Wirklichkeit sind – MUSTER.

Wenn Eltern diese alten Muster verändern wollen, die ihnen bereits in Fleisch und Blut übergegangen sind, brauchen sie neue, erlernbare Möglichkeiten. Diese neuen Möglichkeiten können sie dann für sich ausprobieren und auf ihre Wirksamkeit hin überprüfen. Wenn sie sich dazu eignen, eine Verbesserung in der konkreten Situation ihres Familienlebens herbeizuführen, können sie das neue Muster übernehmen. Im Sinne der liebevollen Grundhaltung kann die neue Methode dann ein geeignetes Werkzeug sein, ihre Bemühungen für das Kind zu unterstützen.

In diesem Buch sollen viele verschiedene Möglichkeiten vorgestellt werden, damit es Eltern gelingt, an Stelle der alten, nicht mehr brauchbaren Muster, neue Herangehensweisen treten zu lassen.

Erziehung kann man lernen

Liebevolle Erziehung geht davon aus, dass man Erziehung lernen kann. In jedem Fachgebiet wird Kompetenz nicht nur durch Erfahrung, sondern auch durch eine entsprechende Ausbildung erworben. So wie Erich Fromm das Lieben eine Kunst nennt, so ist auch das Erziehen eine. Ein wichtiges Ziel ist es daher meiner Meinung nach, jedem Elternteil die Möglichkeit zu geben, diese Kunst zu erlernen.

Dies kann anhand von Kursen, Beratungsgesprächen oder Literatur erfolgen. Wichtig allein ist, dass der eigentliche Adressat – das Kind – davon profitieren kann. Dabei soll bestmöglich auf seine Bedürfnisse nach aktuellem Stand der Wissenschaft eingegangen werden. Das Kind soll die bedingungslose Liebe, von der oben die Rede war, selbst spüren und als solche erleben. Liebevolle Erziehung zu lernen setzt oft auch die Auseinandersetzung mit sich und der eigenen Lebensgeschichte voraus. Wo das Erlernen neuer Verhaltensweisen nicht ausreicht, können therapeutische Angebote eine wichtige Ergänzung sein. Die systemische Therapie oder Familientherapie stellt hier eine gute Möglichkeit dar.

Liebevolle Erziehung soll spür- und erlebbar sein

Das Kind ist der Maßstab dafür, ob die vermittelten Inhalte auch wirklich liebevoll sind. All die in diesem Buch behandelten Möglichkeiten einer liebevollen Erziehung können nur am Kind Realität werden. Sie müssen zur Situation der jeweiligen Familie und zu ihren Werten und Zielen passen. Sie müssen umsetzbar sein. Wo immer Fragen und Probleme auftauchen, gilt es, diese im Rahmen einer Elternberatung oder eines Elternkurses zu klären und zu bereinigen, um bestmöglich zum Wohl des Kindes neue Lösungen und Ansätze zu finden.

Erziehung ist lebenslange Entwicklung – auch für die Eltern. Auf diesem Weg können Eltern mit ihren Kindern sehr viel lernen. Sie müssen sich aber auch darum bemühen.

1.2. Liebevolle Erziehung beginnt bei den Eltern – die Kraft der Tugenden

Um in den Familien gute Charaktereigenschaften zu stärken, müssen Eltern und ihre Kinder die Fähigkeit entwickeln, eigenständige moralische Entscheidungen zu treffen. Bei der Begleitung auf diesem Weg unterstützen Eltern ihre Kinder, wenn sie ihnen die Tugenden vorleben, die sie sich selbst wünschen.
Am besten gelingt es, die herausragenden Qualitäten in sich selbst und in den Kindern hervorzubringen, wenn die Eltern sich auf ihre inneren Werte, das Gute in sich selbst, konzentrieren.
In den letzten Jahren hat die Werteerziehung einen ganz neuen Stellenwert erhalten. Der Gewaltpegel in der Gesellschaft steigt stetig. Eltern und Kinder sind durch den Zuwachs an Aggressivität in Verhalten und Sprache belastet.
Das Entdecken, Erfahren und Üben von kultur-, religions- und regionenübergreifenden Charakterwerten kann Eltern in der Erziehung helfen, Sinn zu stiften und ein friedliches Miteinander zu entfalten.

Tugenden sind innere Geschenke

Wenn Familien ihre Tugenden stärken, stärken sie ihren Charakter. Wenn sie ihren Charakter stärken, stärken sie damit ihre Familien, die Organisationen, in denen sie tätig sind, und die Gesellschaft.
Wie können sie dies tun? Zuallererst müssen sie sich der Tugenden bewusst werden.

Solche Tugenden sind:

- Aufrichtigkeit
- Begeisterung
- Behutsamkeit
- Bescheidenheit
- Dankbarkeit
- Demut
- Durchhaltevermögen
- Ehre
- Ehrlichkeit
- Eifer
- Einigkeit
- Einsatz
- Enthusiasmus
- Entschlossenheit
- Flexibilität
- Freude
- Freundlichkeit
- Friedlichkeit
- Fürsorglichkeit
- Geduld
- Gerechtigkeit
- Großzügigkeit
- Hilfsbereitschaft
- Höflichkeit
- Idealismus
- Integrität
- Kreativität
- Liebe
- Liebenswürdigkeit
- Loslösung
- Loyalität
- Mäßigung
- Mitgefühl
- Mut
- Ordentlichkeit
- Respekt
- Rücksichtnahme
- Sauberkeit
- Selbstbehauptung
- Selbstdisziplin
- Selbstvertrauen
- Taktgefühl
- Toleranz
- Verantwortung
- Verbindlichkeit
- Verstehen
- Vertrauen
- Vertrauenswürdigkeit
- Verzeihung
- Vorzüglichkeit
- Zielstrebigkeit
- Zusammenarbeit
- Zuverlässigkeit

In dem Moment, in dem das Bewusstsein dafür geschaffen wird, dass universelle Tugenden der Grundstein der Erziehung sind, können Eltern darauf aufbauend dafür sorgen, diese Tugenden in den Dienst einer liebevollen Erziehung zu stellen. Sie können das Verhalten fördern, das diese Tugenden unterstützt. Es fällt ihnen dann auch leichter zu verstehen, warum ihnen oder anderen Eltern bestimmte Verhaltensweisen so wichtig sind.
Eine Mutter, die ihr Kind lobt, weil es freundlich grüßt, unterstützt unbewusst ein Verhalten, durch das Höflichkeit und Freundlichkeit gelebt werden.

Die Tugenden benennen

Jedes Kind hat positive Eigenschaften und Talente, die es zu finden oder zu benennen gilt. Als Eltern ist es uns ein wichtiges Anliegen, den Kindern Rückmeldung über ihr Verhalten zu geben und sie dabei zu begleiten, ihre Tugenden zu entwickeln, aber auch ihr Verhalten zu verändern oder zu verbessern.
Verallgemeinerungen wie „braves Mädchen" oder „gut gemacht" sind oft nicht spezifisch oder eindeutig genug, um verständlich zu machen, welches Verhalten es war, das zu diesem Lob oder jener positiven Rückmeldung geführt hat.

Durch das Benennen der Tugend wird diese ins Bewusstsein gerückt. Die meisten erkennen, dass sie diese Tugend bereits in sich tragen, wenn auch bisher unbewusst oder längst vergessen. Indem sie ihre Mitmenschen darauf aufmerksam machen, was sie tun können, geben sie nicht nur ihre genaue Erwartungshaltung wieder oder eine spezifische Rückmeldung zum Verhalten ihres Gegenübers, sondern liefern auch eine konkrete Handlungsanweisung oder Verbesserung zu einem unerwünschten Verhalten.

Das war sehr höflich von dir, dass du der Dame deinen Platz überlassen hast!
Das war sehr großzügig von dir, dass du mit deinem Freund die Schokolade geteilt hast!
Das war sehr ehrlich von dir, dass du mir erzählt hast, dass dir die Vase runtergefallen ist!

1.3. Liebevolle Erziehung beginnt mit einer sicheren Bindung

Die ersten Tage mit einem Baby sind die Tage, in denen die erste Bindung entsteht. Das Gefühl, nicht von seinem Baby getrennt sein zu wollen, und eine Art „Liebeskummer", wenn es nicht da ist – all das wird in der Wissenschaft als Bindungsverhalten bezeichnet.
Auf jeder modernen Geburtenstation versucht man das durch „rooming in" und „bonding" zu fördern, moderne Begriffe für „ein Kind darf mit der Mutter im Zimmer bleiben" und „Bindung durch Hautkontakt".

Liebevolle Erziehung beginnt mit dem Aufbau einer sicheren Bindung.

Was ist Bindung?

Unter Bindung versteht man das **unsichtbare Band zwischen zwei Menschen**, das in den Gefühlen verankert ist und **das sie über Raum und Zeit hinweg miteinander verbindet.**

Ein Kind bindet sich an seine Bezugspersonen, die Menschen, die seine häufigsten Interaktionspartner sind und von denen erwartet werden kann, dass sie ihm Schutz und Fürsorge geben können.

In der Bindungstheorie wird die **Persönlichkeitsentwicklung** des Menschen als **Folge seiner sozialen Erfahrungen** erklärt. Dadurch wird auch deutlich, warum viele **emotionale Schmerzen wie Angst, Wut und Hass, aber auch spätere Persönlichkeitsstörungen wie Depression und emotionale Entfremdung** durch **elterliche Zurückweisung**, durch **unfreiwillige Trennung** und **Verlust von Bindungspersonen** verursacht werden können.

Die Bindungstheorie geht von einem **„gesunden" Modell der Kind-Mutter- und Kind-Vater-Beziehung** aus.

Verbundenheit, Nähe, Zärtlichkeit, Fürsorge, Schutz und Anhänglichkeit sind mit positiven Gefühlen verbunden, weil solche Bedingungen dem

Überleben des Einzelnen dienen. Fehlentwicklungen entstehen dann, wenn es Mängel im angemessenem Schutz und in der ausreichenden Fürsorge gibt, die von der „normalen“ Entwicklung abweichen.

Wie entsteht Bindung überhaupt?

Bindungs***verhalten*** ist mehr oder weniger **angeboren**. Mutter wie Kind aktivieren von Anfang an Verhaltensweisen, um zueinander Nähe und Kontakt aufzubauen, doch reagiert nicht jede Mutter und nicht jedes Baby gleich.

Es gibt Mütter, die sich bei diesem **Beziehungsaufbau** leichter tun, und auch Babys, die es ihren Müttern leichter machen. Sogenannte „easy children“ weinen wenig, wirken zufrieden und legen eine positive Grundstimmung an den Tag.

In den ersten drei Lebensmonaten werden einfache Verhaltensweisen aktiviert, die sich noch nicht auf konkrete Bezugspersonen richten.
Je älter die Kinder werden, desto mehr konkretisiert sich, wer gemeint ist. Das Baby richtet sein Bindungsverhalten dann gezielt auf die Personen, die es kennt.

Im Alter von ungefähr acht Monaten kommt es dann zu der typischen und bekannten **Fremdelphase**. Das Kind reagiert jetzt nicht mehr auf jede unbekannte Person positiv. Es möchte bei Mama oder Papa bleiben, wenn es jemanden nicht gut genug kennt.

Im Laufe der nächsten Jahre lernt das Kind immer genauer zwischen verschiedenen Personen zu differenzieren. Das Kind lernt, zwischen fremd und vertraut zu unterscheiden. Das ist wichtig für sein ganzes weiteres Leben, daher ist auch der Aufbau der Bindung so wichtig.

Bis zum dritten Lebensjahr entsteht im Normalfall eine spezifische Bindung zu den Bezugspersonen des Kindes.

Es gibt Kinder, die freudestrahlend auf Ihre Eltern zulaufen, wenn Sie vom Kindergarten abgeholt werden, die aber, wenn Sie allein dort sind, zufrieden und vergnügt mit anderen Kindern spielen.
Auch andere Szenarien sind möglich – Kinder, die schreien und verzweifelt sind, wenn die Mutter geht, bzw. auch Kinder, die gar nicht darauf reagieren, wenn sie abgeholt werden, oder welche, die dann sogar weinen.

Phänomen Bindung

Solche Szenen kann man besser verstehen, wenn man das Phänomen Bindung versteht. **Jedes** Kind baut in seinem Leben eine Bindung zu seinen Bezugspersonen auf. Man könnte Bindung auch als die besondere Beziehung des Kleinkindes zu seinen Eltern oder anderen Bezugspersonen bezeichnen.

Für diese Bindung gibt es eine **biologische Bereitschaft**, das heißt auch, dass es für jedes Kind überlebensnotwendig ist, Bindungsverhalten an den Tag zu legen. Es bedeutet nämlich **Schutz vor Gefahren und auch das Lernen sozialer Fähigkeiten**. Das Kind baut diese Fähigkeiten im Laufe seines Lebens immer weiter aus und **bringt** sie unbewusst auch **in andere Beziehungen** ein.

Ein Baby hat zunächst **grundlegende kommunikative Fähigkeiten**. Die Mutter oder auch jede andere Bezugsperson bewertet das Weinen, das Schauen und die Handlungen des Kindes und geht auf die Gefühle und Bedürfnisse des Babys ein.
Je besser der Bezugsperson dies gelingt, desto besser gelingt auch dieser Kreislauf. Umgekehrt gilt auch: Je „verständlicher“ das Baby seine Bedürfnisse mitteilt, desto leichter wird für die Mutter die richtige Reaktion darauf.

So entsteht im Laufe der Zeit auch so etwas wie die **„Qualität“ der Bindung** und diese kann sehr unterschiedlich sein.

Für eine **sichere Bindung** ist die **physische und psychische Verfügbarkeit der Bindungsperson** wichtig. Anwesenheit allein genügt aber nicht – die Bezugsperson muss auch in der Lage sein, auf die **Bedürfnisse des Kindes einzugehen**.

Mary Ainsworth hat dazu einen berühmten Versuch gemacht, indem sie sieben bis acht Monate alte Kinder (also Kinder in der typischen Fremdelphase) in einem Raum spielen ließ. Zunächst spielten sie gemeinsam mit ihrer Mutter, dann kam eine fremde Person herein. In einem nächsten Schritt ging die Mutter hinaus und die fremde Person blieb beim Kind zurück. Anschließend kam die Mutter zurück und die fremde Person ging. Dann ging die Mutter und das Kind blieb allein. Im nächsten Schritt kam die fremde Person und tröstete das Kind und zum Schluss kam die Mutter wieder.

Als Ergebnis dieses Versuches wurden **drei Typen von Kindern** unterschieden:

→ **Unsicher vermeidende** Kinder – diese Kinder schauten die Mutter nicht mehr an, als sie wiederkam, sie vermieden die Nähe zu ihr.

→ Kinder mit **sicherer Bindung** – die Kinder suchten und wahrten die Nähe zur Mutter, wenn sie wiederkam.

→ Kinder mit **ambivalenter Bindung** – diese suchten und hielten den Kontakt, wehrten sich aber gegen Kontaktversuche der Mutter.

Natürlich ist es **ideal**, wenn Kinder eine **sichere Bindung zu ihrer Bezugsperson aufbauen**. Entscheidend dafür ist vor allem das erste Lebensjahr. Kinder können ihre Gefühle offen zeigen und erwerben auch sich selbst gegenüber einen offenen Zugang zu ihren Gefühlen. Diese offene Kommunikation erleichtert ihnen auch später das Herstellen einer guten Beziehung.

Wichtige Grundannahmen über Bindung

Jon Bowlby geht in seiner Theorie von fünf Grundannahmen aus:

1. Für die seelische Gesundheit des sich entwickelnden Kindes ist **kontinuierliche** und **feinfühlige Fürsorge** von herausragender Bedeutung.

2. Es besteht die **biologische Notwendigkeit**, **mindestens eine Bindung** aufzubauen, deren **Funktion** es ist, **Sicherheit** zu geben und **gegen Stress** zu **schützen**.
   Eine Bindung wird zu einer **erwachsenen Person** aufgebaut, die als stärker und weiser empfunden wird, so dass sie Schutz und Versorgung gewährleisten kann.

3. Eine Bindungsbeziehung **unterscheidet** sich von anderen Beziehungen besonders darin, dass **bei Angst** das **Bindungsverhaltenssystem aktiviert** wird und die Nähe der Bindungsperson aufgesucht wird, wobei **Erkundungsverhalten aufhört**.
   Andererseits hört bei Wohlbefinden die Aktivität des Bindungsverhaltenssystems auf und Erkundungen sowie Spiel setzen wieder ein.

4. Individuelle **Unterschiede in Qualitäten** von Bindungen kann man an dem Ausmaß unterscheiden, in dem sie **Sicherheit** vermitteln.

5. Unterschiedliche Bindungserfahrungen werden unterschiedlich verinnerlicht und bestimmen auch die Gefühle im Erwachsenenalter, besonders den Umgang mit Beziehungen. Man nennt dies auch **„innere Arbeitsmodelle“**.

John Bowlby stellte zusammen mit dem Ehepaar Joyce und James Robertson während des Zweiten Weltkrieges detaillierte Beobachtungen an Kleinkindern in Krankenhäusern und Kinderheimen an. Sie beschrieben

zum ersten Mal die **seelischen Folgen der Trennung eines kleinen Kindes von der Mutter** (Robertson & Bowlby, 1952), die im Verhalten des Kindes klar beobachtbar waren. Mit ihren Beobachtungen konnten sie **die damals gängige Meinung widerlegen**, dass die **Apathie und Ruhe von Kleinkindern in Kinderheimen ein Zeichen von Eingewöhnung und Akzeptanz** sei – ihre Passivität war vielmehr eine negative, depressive, leidvolle Fügung in die Trennung und Umstände, die sie trotz Protestes nicht ändern konnten.

Auch Mary Ainsworth hob aufgrund ihrer Forschungen hervor, dass Bindung etwas ist, das nicht von aktueller Bedürfnisbefriedigung abhängt. Obwohl zum Beispiel in Krankenhäusern Kinder gut von den Schwestern versorgt wurden, zeigten sie nach Aufhebung der Trennung von ihren Müttern gesteigertes Bindungsverhalten und verstärkt Trennungsangst.

Diese Grundlagen führten dazu, dass der **Stellenwert der Bindung zwischen Mutter und Kind wissenschaftlich belegt worden ist.**

Bindung und Bindungsverhalten

Das **Bindungsverhaltenssystem** hat die Funktion, die **Nähe zur Mutter** herzustellen. Es bedeutet für das Kind den Schutz vor Gefahren und ist die Grundlage des Erlernens sozialer Fähigkeiten.

Bindung besteht nicht von Geburt an, sondern sie entwickelt sich erst im Laufe des ersten Lebensjahres. Das Baby kommt mit bestimmten Verhaltensweisen auf die Welt, die ihm dabei helfen, von Anfang an durch seine Mimik und Gestik, durch seine Laute und sein Schreien deutlich zeigen zu können, was es benötigt. Diese Verhaltensweisen sind geeignet, die Nähe und den Kontakt zu der umsorgenden Person (meist der Mutter) herzustellen. Sie werden **Bindungsverhaltensweisen** genannt. Die Mutter oder die bemutternde Person, die das Neugeborene umsorgt, erkennt normalerweise die Zeichen des Säuglings und versucht, den entsprechenden Mangel zu beseitigen. Dadurch wird sie im Laufe der Zeit zur **Bindungsperson**. Das heißt: Durch ihr fürsorgliches und feinfühliges Verhalten wird der Säugling sein Bindungsverhalten **zunehmend an diese Person richten**.

Die häufigsten Bindungsverhaltensweisen sind:

- Weinen
- Rufen
- Anklammern
- Nachfolgen
- Protest beim Verlassenwerden

Diese Verhaltensweisen haben die **Funktion**, **so rasch wie möglich** die **Nähe zur Bezugsperson herzustellen** und immer wieder von Neuem das **Gefühl von Sicherheit zu erleben**.
Wichtig ist es, zwischen einer bestehenden **Bindung** und dem **Bindungs*verhalten*** zu **unterscheiden**.

Die Bindung besteht immer, über Raum und Zeit hinweg, ein Leben lang.
Das **Bindungsverhalten** wird **nur bei Belastung aktiviert**. Ein kleines Kind, das gut gelaunt neben seiner Mutter spielt, wird in dieser Situation kein Bindungsverhalten zeigen. Es hat jedoch trotzdem eine Bindung zu ihr. Anders würde es aussehen, wenn man eine Trennung herbeiführen würde, wenn die Mutter für längere Zeit den Raum verließe oder wenn sie

gar mehrere Tage verreisen würde. Dann wäre es völlig normal, dass das Kind darauf mit den oben beschriebenen Verhaltensweisen reagiert.

Vier Phasen der Bindungsentwicklung

Die Bindung entwickelt sich typischerweise in vier Phasen:

- In der **ersten Phase** sind **einfache Verhaltensweisen** wie Horchen, Anschauen, Umklammern und Schreien noch **nicht spezifisch an eine Person gerichtet**. Sie werden allerdings meist von den Müttern so empfunden, was den Aufbau der Bindung zwischen Mutter und Kind fördert.

- In der **zweiten Phase** richtet der Säugling seine sozialen Äußerungen **bevorzugt an die Mutter**. Er lässt sich eher von ihr trösten und streckt nur ihr oder wenigen anderen vertrauten Personen seine Ärmchen entgegen.

- Die **dritte Phase** bringt viele **Entwicklungsfortschritte** wie Krabbeln und Rutschen und eine **Erweiterung des sozialen Repertoires** mit sich. Säuglinge können jetzt durch ihre Mimik und ihre Laute genau zeigen, wie sehr sie sich freuen, die Mutter wiederzusehen, und sie können auch rufen, grüßen und jammern. Die Mutter ist jetzt zum **„sicheren Hafen"** geworden. In ihrer Nähe fühlt sich das Kind wohl und kann spielen und unternehmungslustig sein. Beim Erkunden versichert es sich jedoch häufig, wo die Bindungsperson ist.
  Dieses **Rückversichern** ist wichtig und zeigt ihm, wohin es „fliehen" muss, wenn es Sicherheit braucht. Diese Orientierung an der Bindungsperson als Zentrum des „psychischen Raumes", das Vermissen und Suchen, Trennungsleid sowie Entspannung und Erleichterung bzw. Freude bei der Wiederkehr sind der Indikator dafür, dass das Kind eine Bindung zu seiner Bezugsperson hat.

  Daher sind in diesem Alter **unvermittelte Trennungen**, besonders längere, mit körperlichen und psychischen Reaktionen verbunden – mit **Stresssymptomen** in den Bereichen Essen, Schlafen, Unruhe und Immunschwäche.
  Das Wissen darum ist sehr wichtig, da Kinder bei unvermittelter Trennung solche Symptome zeigen können, bis hin zu traumatischen Erlebnissen.

- Die **vierte Phase** bringt mit sich, dass das Kind die Gefühle seines Gegenübers entschlüsseln kann. In etwa **ab dem dritten Lebensjahr** kann das Kind sein Verhalten dementsprechend steuern und erklären, was es will und braucht. Die Mutter-Kind-Beziehung ist jetzt bei normaler Entwicklung **umweltstabil**. Das heißt, dass das Kind **zeitlich begrenzte Trennungen aushält**, ohne dass die Gefahr besteht, dass die Bindung darunter leidet. Ein **Beispiel** ist der **Eintritt in den Kindergarten**.

1.4. Das 5-Säulen-Modell einer entwicklungsfördernden Erziehung

Liebevolle Erziehung hat auch immer damit zu tun, seinem Kind die idealen Startvoraussetzungen für eine gute Entwicklung zu geben. Wenn Eltern durch ihre Erziehung die Entwicklung ihrer Kinder fördern möchten, braucht es dafür Liebe, Achtung, Kooperation, Struktur und Förderung.
Sigrid Tschöpe-Scheffler hat ein Modell entwickelt, das diese **wichtigen Schwerpunkte in fünf Säulen** dargestellt.

Das **5-Säulen-Modell einer entwicklungsfördernden Erziehung** kann Eltern dahingehend unterstützen, sich ihrer Stärken, aber auch ihrer Schwächen in der Erziehung bewusst zu werden und ihre erzieherischen Fähigkeiten zu erweitern und zu reflektieren. Die entwicklungsfördernden Elemente dieser Säulen sollen hier kurz anhand von Beispielen aus dem Elterntraining beschrieben und erklärt werden:

Säule Liebe

Diese Säule beinhaltet:

- Schutz
- Anteilnahme
- Trost
- Lächeln
- Wohlwollende Atmosphäre
- Ermöglichung von Körperkontakt
- Liebevolle, freundliche Zuwendung
- Für- und Mitsorge
- Wahrnehmende Liebe

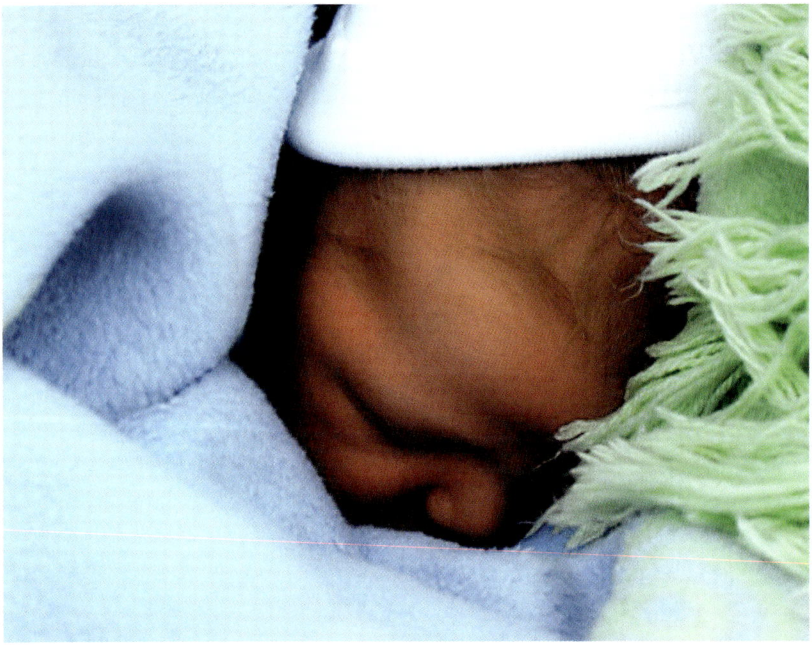

Schutz
Wenn es draußen sehr kalt ist, werden die meisten Eltern ihren Kindern warme Kleider anziehen und ihnen eine Mütze aufsetzen.
Jemand, der mit einem Kleinkind im dritten Stock wohnt, wird dafür sorgen, dass das Kind nicht alleine die Fenster öffnen kann.

Anteilnahme
Es kann sein, dass ein Kind traurig ist, weil ein Freund es enttäuscht hat oder sein Haustier gestorben ist. In solchen Situationen wird man dem Kind zeigen, dass man seine Enttäuschung nachvollziehen kann oder dass man fühlt, wie traurig es ist. Man zeigt Anteilnahme.

Trost
Vielleicht hat sich das Kind beim Fahrradfahren wehgetan.
Möglicherweise hat es sehr viel auf eine Schularbeit gelernt und trotzdem ist sie nicht so ausgegangen wie erhofft. Dann tröstet man das Kind mit Worten oder auch mit Gesten.

Lächeln
Ein Lächeln kann aufmunternd sein, wenn das Kind verzagt ist.
Manchmal sagt ein Lächeln aber einfach nur: „Schön, dass du da bist!"

Wohlwollende Atmosphäre
Es gibt viele Möglichkeiten, eine wohlwollende Atmosphäre zu schaffen. Zeit für Gespräche, gemeinsames Basteln, einfach nur in der Nähe sein, das Lieblingsessen oder die frisch überzogene Bettwäsche sind nur ein paar der vielen Möglichkeiten.
Wichtig ist: Wann fühlt sich das Kind wohl?

Ermöglichung von Körperkontakt
Je kleiner die Kinder sind, desto mehr erfahren sie Liebe über Körperkontakt. Herumgetragen zu werden, in den Arm genommen zu werden, an die Mutter geschmiegt spazieren gehen zu können – all das lässt sie die Liebe spüren.
Wenn Kinder älter werden, zeigen sie ihren Bezugspersonen sehr genau, wann sie Körperkontakt brauchen. Sie strecken ihre Arme aus, sie wollen sich auf den Schoß setzen oder am Abend noch im „großen Bett“ mit den Eltern kuscheln.

Liebevolle, freundliche Zuwendung
Immer dann, wenn ein Kind Fragen hat oder seinen Eltern etwas zeigen möchte, ist ein guter Moment, sich ihm freundlich zuzuwenden. Am besten geht man auf seine Augenhöhe, hört aufmerksam zu und signalisiert, dass man sich für das, was das Kind sagt oder tut, interessiert.

Für- und Mitsorge
Kinder können im Alter zwischen null und sieben Jahren vieles noch nicht allein. Sie brauchen die Fürsorge ihrer Eltern. Das kann die Jause sein, die für die Schule vorbereitet wird, oder die Kleider, die gewaschen und gebügelt werden.
Fürsorge bedeutet, etwas für das Kind zu tun, was ihm gut tut und für seine Entwicklung und Gesundheit wichtig ist.

Wahrnehmende Liebe
Wahrnehmende Liebe erkennt, was das Kind braucht, was es möchte oder auch nicht. Beispielsweise gibt es Momente, in denen Kinder einfach nur in Ruhe gelassen werden wollen. Das zu bemerken und dem Kind die Zeit zu geben, von selbst zu kommen, wenn es später vielleicht erzählen will, was vorgefallen ist, bezeichnet man als wahrnehmende Liebe.

Säule Achtung

Diese Säule beinhaltet:

- Anerkennung
- Wertschätzung
- Positive Rückmeldung
- Lob
- Hilfe zur Selbsthilfe
- Selbstbestimmung
- Respekt
- Wahrnehmung von Bedürfnissen
- Erklären
- Zugewandtheit
- Wohlwollen
- Akzeptanz
- Zeit für das Kind

Anerkennung
Mit Anerkennung meint man ein sicht- oder hörbares Zeichen, dass das Kind etwas gut gemacht hat. Es kann ein Geschenk sein für eine herausragende Leistung, es kann ein „Danke" sein fürs Mithelfen oder ein Auf-die-Schulter-Klopfen als Zeichen für „Gut gemacht!"
Wir erkennen etwas an, wenn wir es wahrnehmen und dies zum Ausdruck bringen.

Wertschätzung
Damit ist gemeint, etwas in seiner Bedeutung zu würdigen.
Wertschätzung kann dem Kind entgegengebracht werden, wenn man ihm zuhört oder wenn man ihm sagt, dass das, was es getan hat, wichtig für einen ist. Wenn das Kind den Tisch deckt, wertschätzt man das, indem man sich gerne hinsetzt oder ihm sagt, dass es das schön gemacht hat.

Positive Rückmeldung
Kinder freuen sich, wenn wir ihnen Rückmeldungen geben – zu ihren Zeichnungen, zu ihrem ersten selbstgebackenen Kuchen.
Positive Rückmeldungen erfüllen die Kinder mit Freude und Stolz und ermutigen sie weiterzumachen oder es erneut zu probieren.

Lob

Immer dann, wenn wir ein Verhalten besonders fördern möchten, können wir unsere Kinder loben. „Das war sehr hilfsbereit von dir, dass du deiner Schwester beim Aufräumen geholfen hast" wäre ein Beispiel für solch ein konkret formuliertes Lob.

Hilfe zur Selbsthilfe

Wenn wir unsere Kinder achten und respektieren, dann trauen wir ihnen auch zu, dass sie vieles schon alleine schaffen. Wir helfen ihnen nur so viel, wie sie uns brauchen. Beispielsweise schneiden wir das Essen in kleine Stücke, lassen das Kind aber selbst mit der Gabel essen.

Selbstbestimmung

Auch Kinder können manches schon selbst bestimmen und sollen es auch lernen. Wen möchte ich zum Spielen einladen?
Was ziehe ich heute an?
Eltern können die Auswahl natürlich eingrenzen, im Rahmen jedoch können Kinder ab drei Jahren schon eigene Entscheidungen treffen.

Respekt

„Wir warten aufeinander." „Wir sprechen mit freundlicher Stimme."
„Wir helfen uns."
All das sind Möglichkeiten, respektvoll miteinander umzugehen und dem Kind vorzuleben, wie dies geht.

Wahrnehmung von Bedürfnissen

Für Kinder ist es wichtig, dass es uns Eltern gelingt, ihre Bedürfnisse wahrzunehmen. Das kann zum Beispiel das Bedürfnis nach Kontakt, nach Ruhe, nach Sicherheit sein.
Je besser wir erkennen, was das Kind braucht, um es ihm zu geben, desto mehr wird das Kind sich geachtet fühlen.

Erklären

Kinder sollen erfahren dürfen, warum etwas nicht erlaubt ist. „Gib dem Mädchen das Spielzeug zurück, es gehört ihr." „Du darfst den Buben nicht einfach hauen. Das tut ihm weh."
Nur durch Erklärungen können Kinder langfristig verstehen und einsehen, warum ihre Verhaltensweisen richtig oder falsch sind. Um zu dieser Einsicht zu gelangen, muss ihnen aufgezeigt werden, was ihre Eltern als richtig und falsch einstufen.

Zugewandtheit
Immer dann, wenn Eltern mit ihrem Kind sprechen, es zu etwas auffordern oder ihm etwas nicht erlauben, sollten sie sich ihrem Kind zuwenden, es ansehen und wenn möglich auf seine Höhe gehen oder es zu sich hochheben.

Wohlwollen
Unter Wohlwollen fallen unsere positiven, aufbauenden und zutrauenden Gedanken wie: „Du wirst das gut machen." „Du wirst das schaffen, wenn du dich bemühst." Wohlwollen verstehe ich als Grundeinstellung dem Kind gegenüber, die ihm etwas zutraut und vom Bestmöglichen ausgeht. Dadurch wird das Kind in seiner Person bejaht und angenommen.

Akzeptanz
Ein Kind sollte spüren, dass es, so wie es ist, geliebt wird. Im Sinne einer bedingungslosen Liebe heißt dies, dass unsere Kinder geliebt werden, unabhängig von ihrem Aussehen, ihrem Temperament und ihrer Wesensart.

Zeit mit dem Kind
Die Zeit, die wir mit unseren Kindern verbringen, drückt aus, wie wichtig sie uns sind. Wir bringen ihnen Achtung entgegen, weil wir sie wichtig nehmen und unsere Zeit in diesem Moment mit ihnen statt mit jemand anderem teilen.

Säule Kooperation

Diese Säule enthält:

- Minimale Lenkung
- Übergabe von Verantwortung
- Loslassendes Begleiten
- Freiraum
- Selbst- und Mitbestimmung
- Teilhabe
- Förderung von Autonomie
- Förderung von Selbständigkeit
- Unterstützung
- Ermutigung
- Akzeptanz von Fehlern
- Gemeinsame Planungen und Unternehmungen

Minimale Lenkung
Das Kind wird gebeten, sein Federpennal einzuräumen, ohne ihm vorzugeben, wie es das machen muss. Das Kind darf einen Kuchen backen und dabei selbst aussuchen, welchen es macht und welche Zutaten es benötigt.

Übergabe von Verantwortung
Das Kind kümmert sich selbständig um seine Katze und denkt daran, sie zu füttern und zu pflegen. Die Eltern trauen dem Kind zu, dass es dies allein schafft und übernehmen die Aufgaben nicht für das Kind.

Loslassendes Begleiten
Wenn das Kind in die Schule kommt, wird es anfangs noch von seinen Eltern hinbegleitet. Am nächsten Tag warten die Eltern vor der Schule und am Ende des Prozesses geht das Kind seinen Schulweg allein hin und retour.

Freiraum
Das Kind kann über seinen Nachmittag frei verfügen und selbst entscheiden, wie und mit wem es ihn verbringt.

Selbst- und Mitbestimmung
Das Kind darf mitreden, was die Familie am Wochenende unternimmt oder wohin sie auf Urlaub fährt. Es darf selbst bestimmen, was es anziehen möchte, wenn es von seinem Alter her dazu in der Lage ist.

Teilhabe
Die Mutter nimmt an der Welt des Kindes teil, indem sie sich zu ihm auf den Boden setzt und mit ihm Lego spielt. Das Kind nimmt an der Welt der Mutter teil, indem es mit ihr gemeinsam Gemüse für das Mittagessen schneidet oder ihr dabei hilft, den Computer einzustecken.

Förderung von Autonomie
Das Kind darf selbst Entscheidungen treffen wie: Wen lade ich zu meiner Geburtstagsparty ein? Wie richte ich mir mein Zimmer ein? Welches Geschenk bringe ich meiner Tante mit?

Förderung von Selbständigkeit
Das Kind darf die Kekse selbst ausstechen und die Schulsachen alleine einräumen. Es darf sich die Schuhe allein binden und die Jacke selbst aufhängen.

Unterstützung
Das Kind wird unterstützt, indem man ihm seine Fragen bei der Hausübung beantwortet oder indem man ihm erklärt, wie die Bedienung des DVD-Players funktioniert.

Ermutigung
Wenn das Kind traurig oder enttäuscht ist, weil es beim Schifahren-Lernen schon wieder hingefallen ist, richten die Eltern aufmunternde Worte an es, zum Beispiel: „Beim nächsten Mal wird es bestimmt klappen. Probier´s noch mal. Schau, ich zeig´s dir!“ Auch ein Lächeln oder Schulterklopfen kann sehr ermutigend sein.

Akzeptanz von Fehlern
Das Kind wirft ein Glas mit Saft zu Boden. Der Saft ergießt sich über die Tischdecke und das Glas zerbricht. „Das kann passieren! Mach dir nichts draus“ wären Worte, die dem Kind zeigen, dass Fehler erlaubt sind und passieren können.

Gemeinsame Planungen und Unternehmungen
Die ganze Familie sitzt zusammen am Küchentisch und beratschlagt, wie man heuer Silvester verbringen möchte. Die Geburtstagsfeier vom Opa steht bevor. Die Familie überlegt, was sie ihm schenken möchte und wie das Fest gefeiert werden soll.

Säule Struktur

In dieser Säule finden sich:

- Konsequenz
- Struktur
- Grenzen setzen
- Rituale und Regeln
- Klarheit
- Verlässlichkeit
- Kontinuität
- Struktur und Organisation

Konsequenz
Was ausgemacht war, wird auch eingehalten. Es war vereinbart, dass das Kind zwanzig Minuten baden darf. Die Mutter sagt ihm, dass diese Zeit jetzt um ist. Trotzdem geht das Kind nicht aus der Badewanne und daher nimmt die Mutter es selbst heraus.
Es war vereinbart, dass der Fernseher nach „Wickie" ausgeschaltet wird. Das Kind sitzt immer noch vor dem Fernseher. Die Mutter schaltet den Fernseher aus und sagt: „Der Film ist zu Ende und du hast noch nicht ausgeschaltet. Daher schalte ich jetzt aus."
Trotz dieser konsequenten Verhaltensweisen bleibt die Mutter freundlich und ruhig. Sie reagiert unmittelbar, klar und verlässlich und lässt keinen Groll aufkommen. Sie kann weiterhin liebevoll mit dem Kind umgehen.

Struktur
Der Tag hat klare, vorhersehbare Abläufe. Beispielsweise: In der Früh um 7 Uhr wird gemeinsam gefrühstückt. Danach gehen die Kinder in den Kindergarten und um 12 Uhr holt die Mutter sie von dort wieder ab. Sie essen gemeinsam und machen anschließend ein Mittagsschläfchen. Der Nachmittag ist zum Spielen und Spazierengehen gedacht und abends um ca. 18 Uhr isst die ganze Familie wieder zusammen. Danach duschen oder baden die Kinder und lesen mit Mama oder Papa eine Gutenachtgeschichte, bevor sie um ca. 19 Uhr schlafen gehen.

Grenzen setzen
Ein Kind zerreißt vor Wut ein Kinderbuch und die Mama sagt ihm, dass es dies nicht tun darf. Es ist in Ordnung, wütend zu sein, aber etwas kaputt zu machen, ist es nicht. Sie gibt das Buch weg.

Rituale und Regeln
In jeder Familie gibt es Rituale wie das Ausblasen der Geburtstagskerzen, das gemeinsame Singen von „Stille Nacht" am Heiligen Abend oder den Sonntagsspaziergang.

Klarheit
„Räum die Bausteine in die Bausteinkiste" schafft Klarheit, „Lass nicht alles rumliegen" nicht.

Verlässlichkeit
Die Mutter hat versprochen, ihr Kind um 12 Uhr vor dem Kindergarten abzuholen, und sie ist auch wirklich da.

Kontinuität
Der kleine Martin übt jeden Tag eine Viertelstunde Klavier. Die Mutter bereitet jeden Tag für ihre Kinder eine Jause vor.

Struktur und Organisation
In der Familie gibt es klare Aufgabenbereiche. Kochen, Waschen, Bügeln und andere Tätigkeiten sind zwischen den Familienmitgliedern klar verteilt und jeder weiß, an wen er sich wenden muss, wenn er etwas braucht.

Säule Förderung

Dazu gehören:

- Anregungsreiche Umgebung
- Ermöglichung von Kulturaneignung
- Unterstützung des Neugierverhaltens
- Bereitstellen von Welt- und Zukunftsorientierung
- Bereitstellen von Lebenszusammenhängen
- Ernstnehmen von Fragen
- Bereitstellen von Wissen in den Bereichen Natur, Wissenschaft, Technik, Religion etc.

Anregungsreiche Umgebung
Eine anregungsreiche Umgebung kann der Wald hinter dem Haus genauso sein wie das Museum in der Stadt oder die Spiel- und Malsachen im Kinderzimmer.

Ermöglichung von Kulturaneignung
Ein schönes Kinderbuch zu lesen oder einen Reim zu lernen, ermöglicht es dem Kind, sich die Kultur seines Umfeldes anzueignen.

Unterstützung des Neugierverhaltens
Eltern können ihren Kindern Fragen stellen, diese beantworten oder dem Kind Bücher und andere Materialien zu Themen bereitstellen, die sie interessieren. Das kann heißen, einen Dinosaurierfilm miteinander anzusehen oder in die Ballettaufführung zu gehen.

Bereitstellen von Welt- und Zukunftsorientierung
Woher kommt die Milch? Wie wird der Honig gemacht? Welchen Beruf kann ich einmal ergreifen? Das sind Fragen, die hiermit in Zusammenhang stehen.

Bereitstellen von Lebenszusammenhängen
Dies könnte die berühmte Frage nach der Herkunft des Menschen oder der Menschheit genauso beinhalten wie die Frage danach, wie eine Blüte zum Apfel wird.

Ernstnehmen von Fragen
Immer dann, wenn Kinder Fragen haben, sollten sie eine Antwort oder eine Hilfestellung erhalten, wie sie es alleine schaffen können. „Mama, warum fliegt das Flugzeug?“ „Was meinst du? Wen könnten wir denn da fragen? Wo könnten wir denn da nachsehen?“

Bereitstellen von Wissen in den Bereichen Natur, Wissenschaft, Technik, Religion etc.
Dies kann durch Personen, Medien, den Kindergarten oder die Schule erfolgen.

1.5. Wie Kinder denken

Eine Mutter ist verwirrt und ratlos. Gerade eben hat sie ihrem Kind erklärt, dass sie nur ein paar Minuten in die Küche geht und dann wiederkommt. Ohne Erfolg. In dem Moment, in dem sie den Raum verlässt, fängt das Kind zu weinen an und krabbelt ihr hinterher, so, als käme sie nicht mehr wieder. Wie kann das sein?

Kinder denken anders als Erwachsene. Ihre Denkentwicklung wurde schon im letzten Jahrhundert von dem Schweizer Psychologen Jean Piaget erforscht und man weiß, dass Kinder erst in etwa ab einem Alter von **anderthalb bis zwei Jahren mittels der Vorstellung denken**. Das bedeutet: Ein Kind in der oben beschriebenen Situation kann sich noch **kein Bild** davon machen, was es heißt, dass die Mutter in die Küche gegangen ist. Vorstellung als solche existiert noch nicht und die Mutter ist für das Kind „verschwunden", sobald sie den Raum verlässt.
Bis zu diesem Alter **denkt** das Kind **anhand seiner Handlungen**.

Das Kind wird mit einer Reihe von Reflexen geboren und entwickelt in der ersten Zeit seines Lebens verschiedene Verhaltensschemata. Es erkennt zum Beispiel **mit ungefähr vier Monaten**, dass seine **Verhaltensweisen** bestimmte **Effekte** erzielen, zum Beispiel, dass beim Strampeln das Glöckchen am Wagen zu läuten beginnt. So beginnt es zu erkennen, dass bestimmte „Willenshandlungen" etwas bewirken und dass es gewisse Dinge beeinflussen kann.
Mit **etwa sechs Monaten** lernt das Kind **Sehen und Greifen zu koordiniertem Greifen** zu verbinden und mit **zehn bis zwölf Monaten** fängt es an, mit verschiedenen Gegenständen zu **experimentieren**.

Um die zwei Jahre kann es dann anhand der Vorstellung Dinge tun. Wenn es älter wird, verbindet es diese Vorstellung im Symbolspiel und verwendet zum Beispiel ein Kissen, um zu spielen, dass es schläft.

Kinder denken anders als wir Erwachsene

Ein Kleinkind, dem man ein Stück Brot herunterbricht, weint, obwohl das Brot auf seinem Tisch doch gleich groß ist wie das Stück, das vor der Mutter liegt. Nicht für das Kind. Es wollte das „ganze" Stück. Es hat noch nicht gelernt, einzuordnen, dass das zumindest geschmacklich gesehen genau dasselbe ist.

Entsprechende Beispiele finden sich in Familien viele. Kinder denken anders und im Grunde sind wir es oft, die ihr Denken nicht mehr oder noch nicht verstehen können.
Das Denken von Babys und Kleinkindern entwickelt sich im Laufe der Zeit und in jeder Phase der Erziehung ist es besonders wichtig, dass es uns gelingt, uns auf die Stufe des Denkens unseres Kindes einzulassen. Nur so können wir liebevoll auf es eingehen und es liebevoll erziehen.

Denken als Tun

In einer der ersten Phasen der Denkentwicklung gleicht das **Denken** eher einem **Tun**. Das Kind probiert alles Mögliche aus. Es greift nach seiner Rassel, es zupft an seinem Mobile über dem Bett. Es kullert mit Begeisterung auf einem Polsterberg herum, fängt an zu krabbeln und zu gehen.
Es entdeckt die Welt jeden Tag aufs Neue, indem es Schubladen ausräumt, Knöpfe von Stereoanlagen drückt, Fernbedienungen versteckt

und Creme verschmiert. Es probiert die ersten Laute aus und es tanzt zu Musik. Es fährt mit seinem kleinen Auto herum und klettert allein in den Hochstuhl. Es nimmt einen Stift und probiert aus, was Malen sein könnte.

Das Kind erlebt und handelt und denkt zugleich.
Sinnliche Wahrnehmungen stehen im Vordergrund. In den ersten Lebensjahren ist das Denken gleich dem Erleben. Das Kind erfährt durch Sehen, Hören, Angreifen, Riechen und Schmecken die Welt. In diesem Alter lieben Kinder es, Dinge in den Mund zu nehmen, und es ist auch wichtig für sie. Der Satz „Nimm nicht alles in den Mund" ist nicht wirklich sinnvoll, es sei denn, der Gegenstand ist zu klein und daher gefährlich oder schmutzig. In der Denkentwicklung gehört das Erfahren über den Mund dazu. **Kinder müssen Gegenstände in den Mund nehmen und angreifen, um wirklich zu erfahren, was das ist.**

Denken in der Vorstellung – ab anderthalb bis zwei Jahren

Wenn das Kind ein bisschen älter ist, kann es sich das, was es bisher gelernt hat, auch vorstellen. So um das zweite Lebensjahr herum lernt es, dass die Rosinen, die Mama gerade in eine Schachtel gegeben hat, dort drin sind, auch wenn es sie nicht mehr sieht. Wenn die große Schwester eine Puppe versteckt, dann beginnt das Kind sie zu suchen. Je älter das Kind wird, desto schneller wird es sie auch finden. **Kinder trainieren beim Versteckenspielen sozusagen ihr Vorstellungsvermögen.** Ein großer Fortschritt – auch wenn das Gesagte nicht im Raum ist, kann das Kind jetzt erfassen, wovon man spricht, und es auch suchen. Dazu hat es gelernt, sich Bilder im Kopf zu machen. Diese Bilder sind praktisch, wenn man nach etwas fragt, wenn man etwas sucht oder wenn man versteht, wovon der Vater jetzt gerade spricht.

Denken mittels der Sprache – ab fünf bis sechs Jahren

In etwa mit dem Schuleintritt kommt noch eine weitere Fähigkeit hinzu. Kinder können schriftliche Zeichen, also Buchstaben, zusammensetzen und sich daraus Bilder machen. Lesenlernen nennt man das und wem das gut gelingt, der kann sein Wissen und seinen Horizont sehr schnell erweitern. Umgekehrt können Kinder jetzt auch lernen, ihre eigenen Vorstellungen und Ideen zu Papier zu bringen, indem sie schreiben.
Die Sprache erweitert also die Möglichkeiten des Denkens und diese Fähigkeit kann ständig zunehmen.

1.6. Wie Kinder spielen und wahrnehmen

Was Kinder beim Spielen lernen

„Spiel mit mir!", sagt die kleine Maria zu ihrer Mutter und wenn sie Glück hat, dann hat ihre Mami gerade Zeit und Lust, in die Welt ihrer Tochter einzutauchen und das mit ihr zu teilen, was für sie als Kind einen großen Teil ihrer Realität ausmacht – das Spiel.
Spielen macht nicht nur Spaß, Spielen ist für Kinder wichtige Vorbereitung für das spätere Leben als Erwachsener. Nahezu alle Fähigkeiten, die das Kind in den ersten zehn Lebensjahren erwirbt, erlernt es auf spielerische Weise. Spielen ist nicht nur abwechslungsreich, lustig und spannend, Spielen ermöglicht ein umfassendes Lernen von kognitiven und sozialen Fähigkeiten.

Entwicklung

Das Spielen variiert je nach Alter des Kindes sehr stark. Je älter das Kind wird, desto komplexer werden die Spiele. Am Anfang steht das sogenannte Funktionsspiel oder auch **„sensomotorische" Spiel**. Mit ungefähr vier bis zwölf Monaten dominiert die Freude am Tun. Zuerst sind es die eigenen Bewegungen, die auf das Kind eine große Faszination ausüben, später werden alle möglichen Objekte wie Rasseln, Mobiles und Bälle interessant. Das Kind lernt – immer besser – mit diesen Gegenständen umzugehen, sie anzugreifen, zu berühren und zu bewegen.

Mit ungefähr vier Monaten beginnt auch die Phase des **Interaktionsspiels**. Rituale wie „Kuckuck“ oder „Hoppe hoppe Reiter“, genauso wie das Anschauen und Vorlesen von Bilderbüchern und das Geschichtenerzählen, fallen darunter. Das Kind und seine Bezugsperson spielen jetzt miteinander und dieses Miteinander ist es, was hier im Vordergrund steht. Gegenstände werden hinuntergeworfen und das Kind wartet, bis sie ihm wiedergegeben werden, Sachen werden ausgetauscht. Das Kind erlernt dadurch nicht nur Regeln und Verhaltensweisen, auch die Sprachentwicklung wird gefördert.

„Als-ob-Spiel“ – vier Jahre

Mit etwa vier Jahren kommt eine neue Variante ins Spiel – das Rollenspiel. Das Kind übernimmt im Spiel alle möglichen Rollen: Mama, Papa, Kind, Lehrerin oder Verkäufer sind nur einige Beispiele. Jetzt kann das Kind alles ausprobieren, was es aus der Welt der Erwachsenen kennt. Es testet, wie es sich in verschiedenen Rollen verhalten kann und muss, es lernt, sich in andere Personen hineinzuversetzen, und es kann auch seine eigenen Gefühle und Bedürfnisse im Spiel verarbeiten. Angstmachende Situationen können nachgemacht oder nachgespielt werden. Eigene negative Erfahrungen können verarbeitet werden.
Was es in dieser Art des Spiels allerdings besonders gut lernt, ist, die Gefühle und Wünsche von anderen nachzuvollziehen. Hat sich das Kind am Anfang noch selbst gefüttert, so füttert es jetzt vielleicht die Puppe und etwas später spielt ein anderes Kind das Baby, das gefüttert wird.

Das Kind lernt also, mit immer „schwierigeren" Situationen umzugehen. Meist drückt das Kind das auch aus: „Spielen wir so, als wäre ich ..." „Ich bin jetzt der gelbe Hubschrauber, welcher willst du sein?"

Regelspiel – fünf bis sechs Jahre

Wenn das Kind das Schulalter erreicht hat, gesellt sich eine weitere Art des Spielens dazu – das Regelspiel. Das bedeutet nicht, dass ein Kind erst ab diesem Alter Regeln einhalten kann, das hat es schon früher gelernt – was es jetzt vermehrt spielt, sind Spiele, in denen man sich an Regeln halten muss, um entweder zu gewinnen oder zu verlieren oder um überhaupt mitspielen zu dürfen. Beispiele sind Spiele im Sport wie Fussball oder Tennis, aber auch Klassiker wie „Mensch ärgere dich nicht".

1.7. Sprechenlernen ist Gemeinschaftsarbeit

Der Erwerb der Sprache erscheint immer wieder wie ein kleines Wunder. Anfangs ist sie noch von der körperlichen Entwicklung abhängig. „Drei Monate vor der Geburt beginnt das Abenteuer des Hörens, Zuhörens und Hinhörens, bevor das Kind dann auf die Welt kommt, den Mund auftut und zu brabbeln beginnt", so Butzkamm. In dem Moment, wo das Baby da ist, beginnt es mit Hilfe seiner Umgebung Sprache zu erlernen. Das Kind wird zwar mit bestimmten Fähigkeiten (wie aus der Sprache Regeln abzuleiten und sie zu gebrauchen) geboren, das allein reicht aber nicht aus. Noam Chomsky bezeichnet die angeborene Fähigkeit, mit seinen Bezugspersonen in Verbindung zu treten, als Language Aquisition Support System (LASS). Das heißt: Erwachsene und Kinder stehen von Anfang an in Beziehung zueinander und nur durch diese Beziehung ist es überhaupt möglich, Sprache zu erlernen.

Das musste man erst entdecken. Schon früh gab es Experimente, um die nie gefundene Ursprache herauszufinden. Herodot im 5. Jahrhundert vor Christi und Friedrich II. im 13. Jahrhundert verboten in Versuchen mit Säuglingen und Kleinkindern den Ammen, mit diesen zu sprechen, um zu erforschen, welche Sprache die Kinder dann sprechen würden. Das Einzige, was dadurch herausgefunden werden konnte, war, dass die meisten Kinder ohne Beziehung und Kontakt mit ihren Bezugspersonen nicht überlebensfähig waren oder schwere Störungen davontrugen.

Sprachentwicklung ist also stark mit der Entwicklung von Beziehung und dem Lernen von Sozialverhalten verknüpft. Eine sichere Bindung und eine liebevolle Beziehung zum Kind tragen sehr zu dessen Fähigkeit, sich auszudrücken, bei. Und das Kind bedarf der Sprache, um seine Gefühle angemessen auszudrücken.

Dies kann es schon, bevor es sich in Worten äußert. Bereits Blicke, Gesten, einfache Interaktionsspiele und Lächeln bereiten den Boden für die späteren Sprachhandlungen.
Sprache kann demnach nur in Interaktion mit einer Bezugsperson gelernt werden. Daher ist die sichere Beziehung zu dieser so wichtig.

Sprachentwicklung

Bei der menschlichen Sprache unterscheidet man vier Aspekte, die ein Kind im Laufe seiner Sprachentwicklung lernt.

- Die ***phonetische*** Entwicklung bezieht sich auf die Laute, die ein Kind bilden kann.
- Die ***semantische*** Entwicklung betrifft die Bedeutung dessen, was es sagt.
- Die ***syntaktische*** Entwicklung bezeichnet die Entwicklung des kindlichen Satzbaus.
- Außerdem gibt es noch die **morphologische** Entwicklung, die unter anderem das Konjugieren der Verben und Deklinieren der Substantive betrifft.

Babysprache

Glaubte man früher, dass es für das Kind nicht förderlich sei, wenn man mit ihm in der Babysprache spricht, so zeigen neuere Forschungsergebnisse, dass sich der Sprachgebrauch beim Sprechen mit Zweijährigen, Fünfjährigen und Erwachsenen unterscheidet. Es wurde deutlich, dass die durchschnittliche Tonhöhe beim Sprechen mit Zweijährigen höher ist als beim Sprechen mit einem Fünfjährigen oder Erwachsenen. Auch gibt es Unterschiede in der Satzmelodie. Es erwies sich, dass die Erwachsenen nicht einfach die Sprache ihrer Babys nachahmen und übernehmen. Die Mütter scheinen im Gegenteil durch den Gebrauch einer einfachen Sprache günstige Entwicklungen in Gang zu bringen.

Das Phänomen Babysprache kommt in allen Sprachen vor. Auch Kinder gebrauchen ab dem dritten oder vierten Lebensjahr spontan die Babysprache, wenn sie mit Babys sprechen, und sogar in die Sprache der

Verliebten und in das Sprechen mit unseren Haustieren hat sie Eingang gefunden. Dies zeigt uns den emotionalen oder affektiven Ton, in dem ein Gespräch in Babysprache geführt wird. Der Erwachsene verfügt also über einen Mechanismus, um seine Erwachsenensprache so zu vereinfachen und zu verkindlichen, dass das Kind ihn verstehen kann. Er bringt dabei auch die gefühlsmäßige Ebene ein, die dafür sorgt, dass ihn sein Kind auch verstehen will.

Bettmonologe

Eine interessante Erscheinung sind auch die sogenannten „bedtime monologues". Es handelt sich dabei um das Sprechen des Kindes, wenn es allein in seinem Bett liegt. Dann übt es alles, was zu seinem sprachlichen Repertoire gehört. Laute, Bedeutungen, Satzbau und Konjugationen, alles wird geübt. Endlose Wiederholungen mit kleinen Nuancierungen sind die Folge. Dabei wiederholt ein Kind nicht nur, sondern probiert immer wieder neue Kombinationen aus. Kinder sind zu dieser Zeit des Tages völlig entspannt und auf sich gerichtet. Im Bett dient das Sprechen nicht der Kommunikation mit anderen, das Kind kann seiner Kreativität vollen Lauf lassen.

Sprachspiele

Dieselbe Art und Weise, sich schöpferisch mit Sprache auseinanderzusetzen, findet man bei älteren Kindern in ihren Sprachspielen. Es macht ihnen Spaß, sich neue Wörter auszudenken, Reimworte und Liedchen zu finden. Auch wenn die erfundenen Wörter oft sinnlos scheinen, so sind es doch Wörter, die unter Freunden verstanden werden, andere zum Lachen bringen oder einfach nur witzig sind. Damit dienen sie dann doch wieder der Kommunikation.

Handlungsbegleitendes Sprechen als Basis für Spracherwerb

Warum kommen manche Kinder in den Kindergarten, die 32 Millionen Wörter weniger gehört haben als ihre Kindergartenfreunde?
Weshalb haben manche Kinder zum Schuleintritt schon weitaus bessere Karten als ihre Banknachbarn?
Durch akribische Beobachtung von 42 Familien kamen Hart & Risley zu dem Ergebnis, dass nicht nur die Anzahl der in einer Familie gesprochenen Wörter dramatisch variieren kann, sondern, dass diese riesigen Unterschiede an quantitativ beherrschtem Wortschatz bereits

zum Schuleintritt eine enorme Weichenstellung für die Zukunft der Kinder bedeuten.
Je mehr mit Kindern in den ersten Lebensjahren gesprochen wird, desto besser. Bereits bevor Kinder beginnen, selbst zu sprechen, trägt das Mit-ihnen-Sprechen wesentlich zum Spracherwerb bei. **Je größer der Wortschatz bis zum Schuleintritt, desto mehr Vernetzungen mit neuen Wörtern können erfolgen**. Neben zahlreichen sozialen und kognitiven Fähigkeiten unterstützt die Anzahl der miteinander gesprochenen Wörter nicht nur das Verstehen von Texten und Inhalten, sondern beeinflusst langfristig die Schul- und Berufslaufbahn.
Fazit: Die tägliche Kommunikation mit Kindern ist enorm wichtig.

Dabei geht es vor allem um das **handlungsbegleitende Sprechen**. Eltern, die ihre Handlungen benennen, ermöglichen ihren Kindern, diese auch sprachlich einzuordnen. Beispielsweise sagt eine Mutter: „So, und jetzt machen wir die Jacke zu, als Erstes den Knopf ganz oben, schau mal, wie schön der glänzt!" Jedes Wort, das die Mutter sagt, gibt dem Kind die Möglichkeit, zu lernen, wie das, was gerade getan wird, sprachlich benannt wird.
Solche Gespräche sind daher **enorm wertvoll und wichtig, wenn sie auch banal scheinen.**

Neben diesem handlungsbegleitenden Sprechen, das in allen Situationen des täglichen Lebens erfolgen kann, sind auch gute Texte für den Sprachschatz des Kindes förderlich. Das gute alte Vorlesen aus Büchern und Bilderbüchern fördert nicht nur die Sprachentwicklung, sondern auch die Fähigkeit, Sprache in Bilder zu übersetzen und über das Gelesene zu sprechen. Das Schöne ist: Das Kind kann sein Tempo bestimmen und dadurch kann man optimal auf das eingehen, was es gerade braucht. Ob es Fragen sind oder ob es etwas erzählen möchte, ein schöner Rahmen, um mit seinem Kind wertvolle Zeit zu genießen, ist es allemal.
Besonders wichtig am Vorlesen, so zeigen neueste Studien, ist die Tatsache, dass **Umgangssprache und Schriftsprache nicht immer übereinstimmen**. Bestimmte Wörter, Redewendungen und Ausdrücke wird das Kind daher nur lernen können, wenn ihm vorgelesen wird.

Eine ganz eigene Art Deutsch – die Bildungssprache

Selbst wenn Kinder das Deutsche so weit gemeistert haben, dass die alltägliche Kommunikation ihnen keine Schwierigkeiten bereitet,

kann dies für schulische Erfolge zu wenig sein. Denn in der Schule kommt es auf sprachliche Fähigkeiten an, die sich deutlich von der Umgangssprache unterscheiden. Die sogenannte Bildungssprache zeichnet sich durch eine größere Nähe zur Schriftsprache aus.
Anders als in der Umgangssprache finden sich in der Bildungssprache häufig **komplexere Satzgefüge, unpersönliche Konstruktionen wie Passivsätze oder komplexe Attribute** (zum Beispiel „der sich daraus ergebende Schluss"). Auch der Wortschatz ist **differenzierter** und **abstrakter** (zum Beispiel statt „raufbringen" „nach oben transportieren"). Dies alles müssen Schüler im Lauf der Zeit lernen. Besonders schwer tun sich dabei Schüler, die aus sogenannten bildungsfernen Elternhäusern stammen und/oder einen Migrationshintergrund haben.
Es kann bis zu ACHT Jahre dauern, bis manche Kinder dies aufholen können.

Wenn Eltern ihr Kind im Sinne einer liebevollen Erziehung fördern möchten, sollten sie ihrem Kind also, so oft sie Zeit und Lust haben, vorlesen.

1.8. Lieben heißt nicht Verwöhnen

Wenn in diesem Buch von liebevoller Erziehung die Rede ist, dann muss auch über das Verwöhnen gesprochen werden. Lieben und Verwöhnen sind nicht dasselbe. „So ein verwöhntes Kind!" ist ein Kommentar, den viele bereits gehört, vielleicht auch selbst schon ausgesprochen haben. Auch die folgende Drohung ist bekannt: „Wenn du ihn so vewöhnst, dann..." Viele Eltern werden von solchen Kommentaren verunsichert und sie stellen sich zu Recht die Frage, wo der Unterschied liegt.

Wünsche und Bedürfnisse

Jedes Kind hat Wünsche und Bedürfnisse. Zu den Bedürfnissen zählen ausreichend Schlaf, eine gute Ernährung, Spielen, Bewegung, Körperkontakt und Zuwendung. Es ist lebensnotwendig für das Kind, dass diese Bedürfnisse ausreichend und so gut wie möglich erfüllt werden. Es ist Aufgabe der Eltern, dafür zu sorgen, dass dies geschieht.

Im Unterschied dazu ist die Verwirklichung der Wünsche der Kinder nicht immer „lebensnotwendig". Sie kann dem Kind sogar schaden.
Ein Kind das Durst hat, muss nicht süße Säfte trinken. Das Bedürfnis des Kindes nach Zuwendung muss nicht dadurch erfüllt werden, dass es die

Mutter in einem Gespräch mit einer Freundin ständig unterbricht. Das Bedürfnis nach Kommunikation muss nicht erfüllt werden, indem das Kind stundenlang telefoniert, und den Eltern kann man auch zutrauen, dass sie eine angemessene Schlafenszeit für ihre Kinder festlegen.

Wunsch ist nicht gleich Bedürfnis

Kinder müssen lernen, ein Nein zu akzeptieren und Eltern müssen lernen, Entscheidungen zu treffen, die sie begründen und durchhalten können. Eltern vermitteln ihrem Kind dadurch klare Grenzen und Sicherheit. Manche Eltern müssen auch lernen, dass bedingungsloses Lieben nicht damit gleichgesetzt werden kann, alles zu tun, was das Kind gerade will. Besonders wichtig ist dabei, dass es klare Grenzen und Strukturen gibt. Das Kind muss wissen, dass die Eltern sich erwarten, dass es vor dem Abendessen sein Zimmer aufräumt. Nur dann kann es sich daran halten.

Bedingungslose Liebe muss auch immer im Auge behalten, den kleinen Erdenbürger in seiner Entwicklung zu fördern, und das ist sehr vom Alter abhängig.
Ein kleines Baby kann man gar nicht verwöhnen. Zuwendung und Körperkontakt sind das, was es in dieser Phase seines Lebens am meisten braucht.
Ein Fünfjähriger benötigt mehr als nur Küsse und Streicheleinheiten. Ihn zu lieben, heißt, ihm zu helfen, selbständig zu werden, und ihn dabei zu ermutigen. Ihm immer noch die Schuhe anzuziehen und ihm alle Spielsachen zu kaufen, die er will, hat nicht viel mit Liebe zu tun. Sehr wohl aber die Geduld aufzubringen, zu warten, bis er es selbst schafft, oder sich die Zeit zu nehmen, mit ihm zu spielen.

Grenzen zu setzen ist wichtig

Verwöhnte Kinder legen ein Verhalten an den Tag, das nicht mehr sozialverträglich ist. Verwöhnte Kinder kennen häufig keine Grenzen und können mit einem Nein relativ wenig anfangen. Versagungen, Einschränkungen und Grenzen zu akzeptieren fällt ihnen schwer und daher ist gerade dieses Nein in der Erziehung wichtig, um dem Kind soziales Verhalten zu vermitteln. Jeder Mensch ist darauf angewiesen, dass sein Nachbar gewisse Grenzen einhält. Wo das nicht passiert, ist ein verträgliches Miteinander nicht möglich.

Nein zu sagen ist natürlich anstrengend für Eltern. „Du kannst nicht mehr länger im Bett liegen bleiben, du musst jetzt zur Schule." „Ich kann jetzt nicht mit dir spielen, ich bespreche gerade etwas mit Papa." „Wir gehen heute nicht ins Waldschwimmbad im Nachbardorf, wir haben gestern gerade eine Saisonkarte für das Schwimmbad in unserer Stadt gekauft." „Bitte lass das Brot im Korb, es ist für das Abendessen bestimmt." „Nein, zum Frühstück gibt es kein Sodawasser, du kannst Tee oder Kakao haben." „Du spielst jetzt nicht bei uns im Arbeitszimmer, du kannst im Wohnzimmer oder in deinem Zimmer spielen."
Nein-Sagen und Grenzen-Setzen erfordern Engagement und Durchsetzungsvermögen, sie erfordern die Auseinandersetzung mit dem Kind und seinen Wünschen. Sie erfordern aber auch die Sicherheit, dass das Nein vor einem selbst tatsächlich zu rechtfertigen ist. Ein Nicht-Nein-Sagen ist ein Ja-Sagen, und Ja-Sagen ist ein Gewährenlassen. Keine Entscheidung ist auch eine Entscheidung und Eltern sollten sich bewusst sein, dass es für ihr Kind wichtig ist, Orientierung zu erhalten, in den großen und kleinen Fragen des Lebens.

2. MEINE FAMILIE UND ICH

2.1. Was ist eine Familie?

Eine Familie ist ein **System**. Ein Familiensystem zeichnet sich dadurch aus, dass es aus **vielen verschiedenen Personen** besteht, die **zueinander in Beziehung** stehen.
Das allein reicht jedoch zur Erklärung noch nicht aus. Diese **Beziehungen ändern sich im Laufe der Zeit**, sie ändern ihre **Qualität** und sie ändern auch ihre **Intensität**.
Eine Familie mit sehr kleinen Kindern weist eine andere Beziehungsqualität auf als eine mit Kindern, die gerade ausziehen. Wie „gut" die Beziehungen sind, das ist es, was das Wesen dieser Beziehungsqualität in der Familie ausmacht.

Ein System zeichnet sich auch dadurch aus, dass das System bestrebt ist, einen möglichst angenehmen oder **spannungsfreien Zustand** zu erreichen oder beizubehalten. In der Familie würde man das als Harmonie bezeichnen.
Wo immer Streit und Konflikte auftauchen, gibt es in der Familie meist einen oder mehrere, die versuchen, das wieder auszugleichen.
In einer Familie versucht man, sich gegenseitig zu unterstützen und zu helfen – im Idealfall.

Interessant ist, dass jedes Familienmitglied eine ganz **andere Sichtweise** der Familienrealität hat. Die Perspektive eines Dreijährigen ist nicht dieselbe wie die der 32-jährigen Mutter und eine andere wie die des Bruders, der gerade eingeschult ist.

Jedes System hat eine **Systemgrenze**. Die zwar unsichtbare, aber doch vorhandene Grenze in der Familie äußert sich zum Beispiel darin, dass manche Feste nur im Familienkreis gefeiert werden oder dass über manche Themen nur innerhalb der Familie gesprochen wird. Jede Familie hat so eine „Grenze", die im Idealfall durchlässig ist, das heißt Familien sind offen für Austausch und stehen in Kontakt zu anderen Systemen. Solche andere Systeme sind zum Beispiel der Freundeskreis, die Schule, der Kindergarten, Institutionen, die Arbeitsplätze der Eltern, Nachbarn.

Familien und diese Systeme außerhalb **beeinflussen sich gegenseitig**. Es findet immer ein **Austausch** statt. Die Gesellschaft wirkt in die Familie hinein und umgekehrt.

Auch die Zeit nimmt Einfluss auf das Familienleben. Anders ausgedrückt: Die Familie bleibt nicht gleich. Als Gesamtsystem ist sie **einer ständigen Veränderung** unterworfen.

2.2. Familien und ihre Beziehungen

Familien sind gekennzeichnet durch **Beziehungen** der Familienmitglieder **zueinander**. Das ist es, was die Familie ausmacht. Die Verbindungen zwischen den Mitgliedern sind für das angenehme Klima in der Familie ausschlaggebend. Was beeinflusst diese Beziehungen?

Emotionale Bindung

Am wohlsten fühlen sich die meisten Menschen in einer Familie, in der die Beziehungen zueinander verbindlich sind. Man kann sich aufeinander verlassen, die Zuneigung zueinander wird offen und klar gezeigt und gelebt. Man fühlt sich einander nahe, auch wenn man nicht immer in unmittelbarer räumlicher Nähe ist. Die Beziehungen sind dauerhaft, Vereinbarungen werden getroffen und eingehalten.

Anpassungsfähigkeit

Was die Beziehungsqualität weiters stark beeinflusst, ist, wie **flexibel** eine Familie mit **Herausforderungen und Problemen umgehen** kann. Ist sie in der Lage, neue Denkmuster und Gewohnheiten auszubilden, wenn es nötig wird, oder bleibt sie in alten Verhaltensweisen hängen? Muss alles so sein und bleiben wie immer, oder ist die Familienrealität so chaotisch, dass man keinerlei Halt findet?
Dazwischen liegt ein relativ strukturierter Familienalltag, in dem Tagesabläufe und Rituale ihren festen Platz haben. Trotzdem ist es der Familie möglich, bei Bedarf umzudenken und etwas anders zu machen als üblich.
So eine Famile kann man als **strukturiert und flexibel** bezeichnen.

Balancierte Familien weisen ein **hohes Maß an emotionaler Bindung und Anpassungsfähigkeit** auf. Dadurch sind die Mitglieder solcher Familien meist zufriedener.

2.3. Familie und Familienklima

In der Umgangssprache spricht man häufig über das **Familienklima**.

Klaus Schneewind hat zehn Dimensionen aufgestellt, die er unter dem Begriff Familienklima einreiht. Im Idealfall erlebt eine Familie ein positiv-emotionales Familienklima, das gleichzeitig auch Anregungen bietet.

Dimensionen des Familienklimas

- Zusammenhalt
- Offenheit
- Konfliktneigung
- Selbständigkeit
- Leistungsorientierung
- Kulturelle Orientierung
- Aktive Freizeitgestaltung
- Religiöse Orientierung
- Organisation
- Kontrolle

Zusammenhalt
Inwieweit sind die Familienmitglieder füreinander da und stehen bei Problemen füreinander ein? Helfen Sie sich gegenseitig, tun sie etwas füreinander und kann man sich aufeinander verlassen?

Offenheit
Wird in der eigenen Familie über sich, seine Gefühle und Alltagserlebnisse gesprochen, die die Mitglieder erleben? Kann man sich austauschen, über Probleme und Schwierigkeiten, aber auch über Erfolgserlebnisse sprechen? Darf man „echt“ sein, das heißt kann man so darüber reden, wie man sich gerade fühlt?

Mit Offenheit ist aber auch gemeint, inwieweit die Familie Austausch über die eigenen Familiengrenzen hinweg hat. Besucht sie Freunde und lädt sie diese ein? Gibt es Interesse an gesellschaftlichen Themen und Problemen? Beteiligt sich die Familie aktiv an Veranstaltungen, ist sie zum Beispiel Mitglied in Vereinen und Organisationen?
Ob diese Offenheit auf einer eher offiziellen Ebene oder im privaten Rahmen stattfindet, wird in jeder Familie unterschiedlich sein. Wesentlich ist die Grundhaltung der Familie anderen Menschen und Gruppen gegenüber. Auch ihre Einstellung und Akzeptanz anderen gegenüber gehört in diesen Zusammenhang.

Konfliktneigung
Gibt es in der Familie häufig Streit und Konflikte? Gelingt es der Familie, Meinungsverschiedenheiten in einem Gespräch zu klären und zu besprechen, oder eskalieren die Gespräche bei unterschiedlichen Ansichten regelmäßig? Je geringer die Konfliktneigung in der Familie,

desto harmonischer ist das Familienklima. Womit nicht gemeint ist, dass eine Familie nicht häufig und gern diskutieren soll. Wichtig ist, dass sie dabei eine angenehme Art hat, miteinander zu kommunizieren. Ein Familienklima, in dem Themen vermieden oder totgeschwiegen werden, ist ebenfalls nicht erstrebenswert. Eine Familie dieser Art hat zwar keine offenen Konflikte, sie schafft es jedoch auch nicht, echte Nähe herzustellen.

Selbständigkeit
Wie sehr wird in der Familie gefördert, etwas alleine zu tun oder zu können?
Wie sehr ist es „erlaubt“, etwas ohne die Hilfe oder die Anwesenheit der anderen zu tun?

Einige Beispiele:
- Kann sich ein Kind schon die Schuhe binden?
- Kann die Mutter auch einmal etwas mit ihren Freunden alleine unternehmen?
- Kocht sich der Sohn selbst das Essen, wenn die Eltern nicht da sind und er 15 Jahre alt ist?

Selbständigkeit ist die Möglichkeit, altersentsprechend für sich zu sorgen und Handlungen des Alltags ohne die Hilfe von anderen auszuführen. Inwieweit ist das in der eigenen Familie möglich?
Wird man dazu ermutigt und ist stolz darauf oder versucht man, Familienmitglieder abhängig zu halten?

Leistungsorientierung
Wie wichtig ist Leistung in der eigenen Familie? Leistung an und für sich ist etwas sehr Positives. Man schafft und verwirklicht etwas, setzt etwas um, das einen interessiert. Manchmal passiert es jedoch, dass die Freude und das Interesse am Thema oder Tun verloren gehen und es nur noch um das Ergebnis geht.

Schulnoten, die Höhe des Einkommens, die Anzahl der Überstunden können so wichtig und dominant werden, dass sie dem Familienleben und dem -klima schaden. Wie sehr geht es in der eigenen Familie darum, etwas zu leisten? Wird man auch dann noch geliebt, wenn man nicht die Leistung bringt, die sich der Rest der Familie erwartet? Werden gute Leistungen gewürdigt und wertgeschätzt?

Kulturelle Orientierung
Wie sehr bestimmt das kulturelle Leben das Klima in der Familie? Wird in der Familie musiziert, gemeinsam gelesen oder über Literatur und Filme gesprochen? Besucht die Familie das Theater oder einen Kinofilm? Wie sehr setzt sich die Familie mit sich und anderen Menschen in unterschiedlichen Ländern und Kulturkreisen auseinander? Gibt es die Pflege des Brauchtums in dieser Familie? Reist die Familie gern, um andere Orte und Lebenswelten kennenzulernen? Was speziell bedeutet Kultur in der eigenen Familie?

Aktive Freizeitgestaltung
Der Schwerpunkt liegt hier auf „aktiv". Was macht eine Familie gemeinsam in der Freizeit? Manche Familien sind vielleicht sehr sportlich und unternehmen Wanderungen oder Radausflüge. Andere fahren mit ihren Kindern Ski. Wieder andere Familien besuchen sich gern gegenseitig, plaudern und spielen miteinander. Jede Familie hat unterschiedliche Interessen und Vorlieben, eines jedoch könnte ihnen gemeinsam sein – dass sie gern mit ihren Kindern etwas unternehmen, was allen Spaß macht und das Zusammenleben fördert und stärkt.

Religiöse Orientierung
Welche Rolle spielt Religion, welcher Konfession man auch immer angehört, im täglichen Leben? Welche Einstellungen und Grundhaltungen

sind in der Familie richtungsweisend? Welche Werte werden gelebt? Was ergibt sich daraus für die einzelnen Mitglieder im Verhalten und Zusammenleben? Welche Feste werden gefeiert und wie sehr bereichert die spirituelle Ebene das Miteinander?
Die religiöse Orientierung prägt Familien nicht nur durch Rituale und Gewohnheiten, sie ist maßgeblich für den Erwerb von Tugenden wie Ehrlichkeit, Rücksichtnahme, Gastfreundschaft und andere.

Organisation
„Planung ist das halbe Leben" heißt ein alter Spruch, den man zum Teil auch auf das Familienleben übertragen könnte. Eine gewisse Organisation gibt der Familie und den Abläufen im Alltag Struktur. Wenn jeder weiß, wofür er zuständig ist, und wenn auch die Tagesabläufe und die damit verbundenen Zeiten in etwa klar sind, ist es leichter für Familien. Gerade kleine Kinder profitieren sehr von klaren Strukturen und Abläufen. Je besser die Eltern organisiert sind, desto weniger Stress und Probleme ergeben sich.

Kontrolle
In einer Familie mit einem angenehmen Familienklima tritt Vertrauen an Stelle von Kontrolle. Je mehr Vertrauen und je weniger Kontrolle ausgeübt wird, desto entspannter wird auch das Familienklima sein.
Manche Situationen bedürfen vielleicht trotz allem der Kontrolle, beispielsweise um sicherzugehen, dass Kinder geschützt sind oder nichts vergessen haben.

2.4. Wie entwickeln sich Familien?

Das System Familie verändert sich im Laufe der Entwicklung. Die Anzahl der Mitglieder, der Entwicklungsstand der Mitglieder sowie die Beziehungsmuster verändern sich. Drei Konzepte sollen dies erklären:

- Das Konzept der Familienkarriere
- Das Konzept der Familienentwicklungsaufgaben
- Das Konzept der Familienstressoren und ihrer Bewältigung

2.4.1. Das Konzept der Familienkarriere

Bei diesem Konzept wird davon ausgegangen, dass sich eine Familie ähnlich einer Karriere entwickelt. Sukzessive aufeinander folgende Stufen mit unterschiedlicher Länge sind durch spezifische Probleme,

Besonderheiten und Gefahren für die Familie gekennzeichnet. Zwischen den Stufen gibt es meist eine Art Krise, durch die man „durch" muss, um zur nächsten zu gelangen.

Folgende acht Entwicklungsstufen nennen zum Beispiel die Autoren Duvall und Hill:

- Verheiratetes Paar mit Kindern
- Familie mit Kleinkindern
- Familie mit Vorschulkindern
- Familie mit Schulkindern
- Familie mit Jugendlichen
- Familien, die das älteste Kind entlassen
- Eltern im mittleren Lebensalter
- Alternde Familienmitglieder

Dieses Konzept gibt zwar eine gewisse Orientierung, reicht aber heute zur Erklärung nicht mehr aus. Kritikpunkte wären zum Beispiel, dass interindividuelle Unterschiede nicht berücksichtigt werden oder dass sich Stadien auch überlappen können. Auch wird nicht berücksichtigt, wie sich im Lauf der Geschichte Situationen verändern.

2.4.2. Das Konzept der Familienentwicklungsaufgaben

Bei diesem Konzept, das an die individuellen Entwicklungsaufgaben nach Havighurst angelehnt wurde, geht man davon aus, dass sich eine Familie durch bestimmte Aufgaben weiterentwickelt. Solche Aufgaben sind die Veränderung von Beziehungsmustern, Probleme und Belastungen in einzelnen Stadien des Familienlebens, Herausforderungen durch den Alltag.
Solche Entwicklungsaufgaben kann man für die Mehrzahl der Personen in einem bestimmten Kulturkreis bzw. einer bestimmten Gruppe oder in einem bestimmten Alter erwarten. Natürlich geht jede einzelne Person unterschiedlich mit diesen „Entwicklungsaufgaben" um und meistert sie je nach Erfahrung und Persönlichkeitsstruktur besser oder schlechter. Kann eine Entwicklungsaufgabe nicht bewältigt werden, führt dies meist zum Unglücklichsein darüber beim Einzelnen und oft auch zur Ablehnung durch die Gesellschaft. Häufig wird dadurch auch die Bewältigung nachfolgender Entwicklungsaufgaben erschwert.

Ein Beispiel

Entwicklungsaufgaben, die sich für Familienmitglieder einer Familie mit einem Kind stellen, das in die Schule kommt:

- das Einfügen in die Gemeinschaft von Familien mit schulpflichtigen Kindern,
- das Ermutigen des kindlichen Leistungsverhaltens,
- das Finden einer Balance zwischen Spiel und Leistung,
- die Gestaltung der eigenen Zeit ohne das Kind (während der Schulzeit),
- die Gestaltung der Zeiträume mit dem Kind, wenn es heimkommt,
- die Veränderung der Tagesstruktur,
- die Entwicklung oder Weiterentwicklung eigener Interessen und Karrierepläne.

Jede Familie ist zu verschiedenen Zeitpunkten mit solchen spezifischen Entwicklungsaufgaben konfrontiert und legt entsprechend ihrem Wissens- und Entwicklungsstand bestimmte Fähigkeiten, Interessen, Bedürfnisse und Ziele an den Tag. Teilweise stehen diese im Konflikt miteinander und müssen bewältigt werden.
An die Familie werden natürlich auch Erwartungen von außen herangetragen, wie sie sein soll oder nicht, bestimmte Beziehungsvorstellungen und Aufgaben, die jeder Einzelne erfüllen sollte. Man erwartet sich bestimmte Rollenverteilungen und Erziehungsstile.
Die Ziele und Werte von anderen decken sich jedoch nicht immer mit denen der Familie.

Beim Übergang von einer „Familienstufe" zur nächsten verändern sich auch diese Entwicklungsaufgaben, und das stellt das bisherige Zusammenleben oft in Frage. Neue Formen des Zusammenlebens müssen gefunden, Grenzen, Ziele und Rollenverständnisse neu definiert werden.

Gelingt dies nicht, bleibt der Ungleichgewichtszustand erhalten, es entstehen Spannungen, die unter Umständen nur dadurch gelöst werden können, dass ein Familienmitglied psychisch erkrankt oder indem Beziehungen abgebrochen werden.

Entwicklungsaufgabe Trennung und Patchwork-Situation in Familien
Besondere Berücksichtigung verdient die Tatsache, dass Familien sich ständig verändern. Dazu gehört auch die **Zunahme von Trennungen in Familien**, aus denen sich neue Entwicklungsaufgaben ergeben. In der Nachscheidungsphase treten beispielsweise für die nunmehr alleinerziehenden Eltern dahingehend neue Entwicklungsaufgaben auf, als sie flexible Besuchsregelungen mit dem Expartner und seiner Familie einrichten müssen. Sie müssen jedoch auch ihre Sozialbeziehungen umgestalten, Freundschaften ändern sich und dadurch auch die Beziehungen im Familienkreis. Das andere Elternteil, das nicht sorgeberechtigt ist, steht vor der Aufgabe, Wege ausfindig zu machen, wie er/sie trotz der geänderten Umstände eine gute elterliche Beziehung zu den eigenen Kindern aufrechterhalten kann. Auch dieser zweite Elternteil muss seine Sozialbeziehungen neu ordnen.

Familien, die sich wiederverheiraten oder neu rekonstruieren (sogenannte Patchwork-Familien) sind vor besondere Herausforderungen gestellt. Sie müssen die **Familiengrenzen umstrukturieren** und den **neuen Partner miteinbeziehen**. Sie müssen die Beziehungen zwischen den Subsystemen neu ordnen, damit eine Vernetzung überhaupt möglich wird. Sie müssen aber auch **Beziehungsmöglichkeiten für alle Kinder mit deren biologischen Eltern, Großeltern und anderen Mitgliedern der erweiterten Familie schaffen.**

2.4.3. Familien und ihr Umgang mit Stress

Immer wieder hört man in Familien: „Ich habe so einen Stress!"
Was sind Stressfaktoren in Familien und wie können sie bewältigt werden?

Beispiele für Ereignisse, die von Familien selbst als Stressoren erlebt werden, sind:

- Eheliche Probleme
- Innerfamiliäre Stressoren wie Konflikte in der Familie, ein Zuwachs an nicht zu bewältigender Hausarbeit, Schwierigkeiten in der Familie
- Schwangerschaft, Geburt oder Adoption
- Finanzieller Stress
- Beruflicher Stress
- Übergänge in Familienstadien

- Krankheit von Familienmitgliedern oder Freunden
- Verlust von Familienmitgliedern oder Freunden (durch Tod, Umzug, Trennung)
- Kriminalisierung eines Familienmitgliedes (jemand wird straffällig, kommt mit dem Gesetz in Konflikt)

Die stärksten Belastungen und Veränderungen werden bei den folgenden Lebensereignissen erlebt:

- Übergang zur Elternschaft
- Familien mit Jugendlichen
- Wenn mehrere Stressfaktoren zugleich einwirken (sogenannte Problemfamilien)
- Wenn man sich neue Rollen aneignen muss (Wechsel vom „Freund" zum Ehemann, Elternschaft)

Wenn man von **Stress** spricht, geht es immer um **Anforderungen und Belastungen** und darum, wie eine Familie damit umgeht. Muster des bisherigen Zusammenlebens funktionieren plötzlich nicht mehr und das **System Familie muss sich neu ordnen**, wenn es diese Stressfaktoren **gut bewältigen** will.

Am leichtesten kann eine Familie mit **normativen Lebensereignissen** umgehen, das heißt mit Lebensereignissen, die **vorhersehbar** sind und die bis zu einem gewissen Grad auch **planbar** sind.
Beispiele hierfür wären der Schuleintritt eines Kindes oder die Geburt eines Babys.

Nicht-normative Lebensereignisse sind Ereignisse, die man **nicht erwartet** hat und auf die man sich daher auch **nicht ausreichend vorbereitet** hat. Dazu zählen Krankheiten oder der plötzliche Tod eines Familienmitgliedes.

Was Familien aber am schwerwiegendsten belastet, sind **epochal-spezifische Lebensereignisse**. Sie werden durch **historische Ereignisse** bewirkt, wie zum Beispiel Kriege oder Naturkatastrophen. Sie sind deshalb so belastend, weil sie weite Bevölkerungsschichten betreffen und die Unterstützung nun auch zwischen den Familien nicht mehr so gut möglich ist, da jeder gleichermaßen Hilfe braucht.

Familiäre Stressbewältigung

Wie gehen Familien mit Stress um?
Natürlich gibt es Bedingungen, die die Bewältigung von Stressoren erleichtern.

Dazu gehören beispielsweise die **persönlichen Ressourcen** der einzelnen Familienmitglieder: Wohlstand, Bildungsniveau, gesundheitliches Wohlbefinden, Selbstwertgefühl, Gefühl der personalen Kontrolle, das heißt die Gewissheit, auf veränderte Lebensumstände durch eigenes Handeln Einfluss nehmen zu können, angemessene Einschätzung der eigenen Fähigkeiten.

Aber auch **interne Ressourcen des Familiensystems** sind wichtig zur Bewältigung. Die Art und Weise des Zusammenlebens sowie die Organisation des Zusammenlebens und die Beziehungen zur Außenwelt entscheiden maßgeblich darüber, wie gut es einer Familie gelingt, mit Belastungen umzugehen.

Außerdem haben noch die **Unterstützungssysteme** der Familie eine wichtige Bedeutung. Inner- und außerfamiliäre Unterstützung sozialer und materieller Art können die Familie entlasten.

Bewältigungsvoraussetzungen

Eine allgemeine Voraussetzung, um innerhalb der Familie möglichst gut mit Stress umzugehen, ist, den **Stressfaktor** zunächst einmal zu **akzeptieren** und ihn klar anzunehmen. Wird in einer Familie hingegen so getan, als existiere das Problem überhaupt nicht, oder bleibt unklar, wo genau das Problem liegt, dann verstärkt es sich dadurch nur noch mehr.

Ein Beispiel: Verlust des Arbeitsplatzes
Verliert beispielsweise der Familienvater einer Familie seine Arbeit, dann ist es hilfreich, das zu **akzeptieren** und als **Problem anzuerkennen**. Würde er hingegen jeden Tag so tun, als fahre er zur Arbeit, oder würde man in der Familie nicht darüber sprechen und es geheim halten, dann trüge dies nichts zur Bewältigung bei.

Wichtig ist, dass ein Problem so gesehen wird, dass es die **gesamte Familie betrifft**. Nicht der Vater allein hat das Problem, **alle sind betroffen**. Es hilft auch nichts, wenn man mit Anschuldigungen an die

Sache herangeht. Dem entlassenen Familienvater zu sagen, er sei schuld, hätte er doch mehr gearbeitet, weniger mit dem Chef diskutiert etc., wird kaum etwas zur Lösung beitragen. Sehr wohl ist es aber hilfreich, wenn man darüber spricht, was man tun könnte, und mögliche Lösungen in der Familie diskutiert.

Je mehr auch die „anderen“ das Problem **tolerieren** und dulden, desto besser geht es der Familie damit. „Das kann jedem passieren!“ ist hilfreicher als „Merkwürdig, dass sie ihm gekündigt haben, da wird es wohl etwas gegeben haben ...“.

Je mehr die Familienmitglieder **mitfühlen** und **klar und direkt darüber sprechen**, was man tun könnte und wie es jedem mit der Situation geht, desto besser. Eine **offene Kommunikation hilft weiter**.

Ebenso ist es hilfreich, wenn die Familie **zusammenhält**, wenn sich die Familienmitglieder gegenseitig **bestärken** und **Hilfe anbieten** und wenn sie bereit sind, ihre **fixen Rollen zu hinterfragen**. Beispielsweise könnte die Mutter vorschlagen, wieder arbeiten zu gehen, bis der Vater eine neue Stelle gefunden hat, und er könnte vorschlagen, in der Zwischenzeit bei den Kindern zu bleiben. Auch könnten andere Familienmitglieder helfen und einspringen. Die Großmutter könnte anbieten, auf die Kinder aufzupassen und die Geschwister könnten vorschlagen, eine Zeit lang mit weniger Taschengeld auszukommen. Eine Kusine könnte der Familie Geld leihen, um über die größten finanziellen Hürden hinwegzuhelfen, und eine Schwester könnte bei der Hausarbeit helfen, damit die Mutter oder der Vater sich für eine neue Stelle bewerben kann.

Der Gebrauch von Gewalt und Drogen wie zum Beispiel Alkoholmissbrauch sollte in diesem Zusammenhang natürlich vermieden werden.

Zu all diesen allgemeinen Bewältigungsvoraussetzungen kommen **stressorenspezifische Kompetenzen wie der Umgang mit kleinen Kindern** dazu. Solche Bewältigungsressourcen sind **erlernbar** und können im Rahmen einer präventiv orientierten Entwicklungsberatung vermittelt werden.

2.5. Die Familie als Team – Was lernen Kinder in unserer Familie?

Auch Familien sind Teams. Jedes Familienmitglied hat andere Aufgaben, Fähigkeiten und Denkweisen, die im Team zur Geltung kommen können oder nicht. Je nachdem wie das „Team" Familie organisiert ist, lernen Kinder in der Familie unterschiedliche Dinge.

Die klassische Familie entspricht in ihrer Zusammensetzung einem **„stabilen Team"**. Die Mitglieder bleiben gleich und für eine gewisse Zeit ist sie auf Konstanz angelegt.
Sie entspricht in manchen Belangen auch einem **Projektteam**, wenn die Eltern zum Beispiel alles für den Urlaub oder für einen Ausflug vorbereiten. Es gibt immer wieder neue Aufgaben zu lösen in einer Familie, die Mitglieder bleiben jedoch (meistens) gleich.

Wenn man die Kriterien für erfolgreiche Teams heranzieht, dann kann man viele Parallelen zu zufriedenen Familien finden:

Erfolgreiche Teams haben ein **Verständnis für den Systembezug**. Das heißt, idealerweise macht man auch in einer Familie etwas nicht nur für sich oder den eigenen Vorteil, sondern **handelt im Sinne der ganzen Familie**. Wenn die Familie eine größere Anschaffung plant, sollte diese nicht nur für die Mutter oder den Vater erfreulich sein, sondern möglichst allen zugutekommen.

Erfolgreiche Teams sind gekennzeichnet durch **klare Aufgaben und Rollen**. Auch in Familien ist es angenehm, wenn jeder weiß, was er/sie zu tun hat. Wie immer die Rollen verteilt sind, einfacher und konfliktfreier ist es, wenn die Rollen zumindest für eine gewisse Zeit klar sind und nicht ständig neu ausverhandelt werden müssen.

Erfolgreiche Teams profitieren von einer **offenen Kommunikationskultur** und **Teamlernen**. Auch Familien profitieren davon, wenn sie offen miteinander reden und als Familie lernen.

Ausgewogene Beteiligung und gegenseitige Unterstützung sind nicht nur in erfolgreichen Teams, sondern auch in glücklichen Familien wichtig. Familien, in denen jeder in seinem ihm möglichen Maß mitmacht und mithilft und in denen man sich **gegenseitig unter die Arme greift**, kommen besser miteinander aus.

Hinzu kommen eine gewisse **kollektive Disziplin, eine Vielfalt von Persönlichkeiten und Ideen sowie ein ständiges Feedback als Erneuerungsprozess**. All das sind auch Merkmale von Familien, die sich positiv weiterentwickeln. **Einheit in der Vielfalt** könnte hier die Devise für eine Familie lauten. Auch wenn das Gesamtsystem auf gemeinsame zentrale Werte und Einstellungen zurückgreifen kann, so soll doch jeder Einzelne in der Familie seine Persönlichkeit und Eigenart zum Ausdruck bringen und weiterentwickeln dürfen. Symbolisch kommt dies im „Family-Support-Ballon" zum Ausdruck.

„Wie machen wir's?" ist eine Frage, die jeder Familie guttut. Was macht es aus, dass etwas bei uns gut funktioniert? Wie gehen wir vor, dass bei uns alle Kinder beim Autofahren Spaß haben? Wie genau machen wir es, dass unsere Kinder gern miteinander spielen?
Diese „persönlichen Erfolgsmodelle" jeder einzelnen Familie laden dazu ein, das Team Familie zu stärken und sich als Familie wichtig und wertvoll zu fühlen.

[1] Der „**Family-Support-Ballon**" der auf der vorderen Klappe abgebildet ist, steht für die Familie in ihrer Vielfalt. Jeder spielt sein eigenes Instrument, aber nur dann, wenn sich alle Familienmitglieder aufeinander abstimmen, klingt es insgesamt schön und harmonisch. Alle sitzen in einem „Korb" und doch darf jeder seine Eigenart entwickeln. Der Ballon steht auch dafür, dass eine Familie sich weiterentwickelt – der Ballon bewegt sich weiter. Bis zu einem gewissen Grad ist der Ballon lenkbar, aber auch stark abhängig vom Wind, das heißt von äußeren Einflüssen.

2.6. Familienrituale

Rituale erleichtern vielen Eltern das Einführen von Regeln in der Familie, das Setzen von Grenzen und das Durchstehen von größeren und kleineren Krisen.

Im Alltag von vielen Familien geht es vor allem darum, das gemeinsame Leben zu gestalten. Eine Reihe von Regeln erleichtert das Zusammenleben und macht es für alle schöner und angenehmer. Solche Regeln zu vermitteln, ist ein Prozess, der im Grunde nie endet. Dabei sind auch der Kreativität jeder Familie keine Grenzen gesetzt und es ist schön, wenn sich immer wieder neue Ideen entwickeln, die das Familienleben lebendig halten.

Was sind Rituale?

Den wenigsten ist bewusst, dass **Rituale in allen Kulturkreisen** existieren und jeden Menschen **von früh bis spät** begleiten: Vom morgendlichen Zähneputzen bis zur Gutenachtgeschichte, von der Art der Begrüßung bis über die guten Wünsche für das Neue Jahr. Rituale folgen normalerweise einem **festen Ablauf**. Sie unterliegen einem **bestimmten Schema**. Gewisse Verhaltensweisen werden in bestimmten Situationen wiederholt und die **Abfolge des Rituals ist vertraut**. Gerade Kinder wissen zum Beispiel ganz genau, dass die „Gutenachtgeschichte“ nach dem

Zähneputzen kommt und nicht vorher. Das zeigt auch, dass der Sinn von Ritualen nicht logisch fassbar ist, sondern einfach darin besteht, dass sie anerkannt und befolgt werden.

Was können Rituale?

Rituale unterstützen Kinder in ihrer gesunden Entwicklung. Sie **schulen das Gedächtnis** und das **Denkvermögen**, sie **erleichtern Lernen und Konzentration**.

Rituale **fördern die Selbständigkeit** und **helfen, Regeln und Grenzen einzuhalten**. Sie schaffen **Ordnung und Kontinuität** im Leben des Kindes und helfen, Krisen zu bewältigen. Vor allem aber **schenken** sie **Geborgenheit** und **vermitteln Sicherheit, Vertrauen und Orientierung**. Dadurch kommt ihnen auch eine große Bedeutung in der **Reduktion von Ängsten** zu.

Ideen für Rituale

Gerade bei wichtigen Festen wie **Ostern oder Weihnachten** zeigt sich, wie wichtig uns allen diese Rituale sind – obwohl für viele die eigentliche Bedeutung gar nicht mehr so klar ist.
Rituale prägen unsere Beziehungen und unsere Tagesabläufe in der Familie.
Beispielsweise lieben Kinder lustige Badespiele mit „Tierwaschlappen“ oder der berühmten Gummiente.
Mit den Schaumkronen auf dem Badewasser badet sich's viel lieber; das Bademäntelchen, in das gehüllt man nach dem Baden ins Zimmer getragen wird, lässt Kinder ganz konkret liebevolle Geborgenheit spüren.
Viele kennen auch den Morgengruß, das **Tischgebet/-gedicht, das „Guten Appetit!“, die eigene bunte Frühstückstasse**. Was die Freizeit betrifft, so könnten fixe Zeiten für Familiengespräche, Spiele, das gemeinsame Ansehen von Filmen oder einen Sonntagsausflug Platz haben.
Freizeitrituale sollten keinen Stress erzeugen, sondern Struktur in den Tag bringen. Kinder sollten dabei auch die Möglichkeit haben, zur Ruhe zu kommen.
Ein besonderer Besuchstag bei Freunden oder Verwandten kann dazu führen, dass sich das Kind auch schon lange vorher darauf freuen kann.
Bereits im „Kleinen Prinz“ erklärt der Fuchs dem Kleinen Prinzen, wie das geht. Wichtige Rituale drehen sich natürlich auch um das Zu-Bett-Gehen.
Ein Schmusetier, das man ins Bett mitnehmen darf, die Schlafmelodie oder die Gutenachtgeschichte sind diesbezüglich bewährte Beispiele.

3. URSACHEN VON VERHALTENSPROBLEMEN

Wann immer Eltern mit ihren Kindern Situationen erleben, in denen sie eigentlich andere Vorstellungen vom Verhalten ihres Kindes hätten, unterstützt es sie, wenn sie die **Ursachen des unerwünschten Verhaltens** kennen.

Problematisch ist ein Verhalten immer dann, wenn es dem Kind selbst, seinen Eltern bzw. der Familie oder anderen Probleme bereitet. Das kann zum Beispiel besonders aggressives Verhalten wie Beißen, Schlagen oder Treten sein. Es kann sich aber auch um störende Gewohnheiten wie die Verwendung von Schimpfwörtern, Grimassenschneiden oder das Hochziehen der Nase handeln.

Was verschiedene Familien oder ihr jeweiliges Umfeld als problematisch erleben, ist teilweise sehr unterschiedlich und hängt mit den Wertvorstellungen des jeweiligen Systems zusammen. Bei vielen „problematischen" Verhaltensweisen ist sich eine große Anzahl von Menschen einig, dass diese verändert werden müssen, bei anderen ist die Einschätzung alles andere als einheitlich.

Ein Beispiel:
In der einen Familie ist es ganz normal, sich vor dem Essen die Hände zu waschen, in der anderen denkt man nicht einmal darüber nach. In einer Familie wird geflucht, in der anderen wäre das undenkbar und die Eltern würden sofort Konsequenzen setzen.

Welche Verhaltensweisen als problematisch eingestuft werden, ist also sehr unterschiedlich. Diese unterschiedliche Sichtweise kann es für Eltern manchmal schwierig machen, zu beurteilen, was für sie selbst gilt.

Nicht alles ist anerzogen

„Was mache ich bloß? Mein kleiner Sohn ist so ganz anders als mein Großer! Der Große hat immer so lange geschlafen und war so ruhig und der Kleine steht schon um 5.30 Uhr in der Tür. Der Große spielt ruhig für sich und kann sich wunderbar beschäftigen; so kann ich in Ruhe meine Arbeiten erledigen. Mit dem Kleinen klappt das gar nicht. Was habe ich bloß falsch gemacht?" Solche Eltern-Fragen kommen immer wieder vor.

Darauf gibt es eine beruhigende Antwort: **Nicht alles ist anerzogen**. Dies zeigen auch Sätze wie: „Genau wie der Opa, allein schon, wie er geht, wie er sich bewegt, die gleiche Statur, die gleichen Schultern und der gleiche Blick, wenn er sich freut."

Solche Sätze beziehen sich meist auf körperliche Merkmale. Die meisten Eltern können es einfach nicht lassen, sich und ihre Kinder einzuordnen und zu vergleichen, um sich immer wieder zu bestätigen, wer man eigentlich ist. Bei körperlichen Merkmalen erscheint es vielen ganz normal, dass sie vererbt sind, dass der Kleine oder der Große Opa oder Oma, Mama oder Papa ähnlich sehen. Irgendwie scheint es für jede Familie wichtig zu sein, zu erkennen, wohin man gehört.

Allerdings sind nicht nur körperliche Merkmale vererbbar, auch Charakterzüge, das Temperament, sogar Gestik und Mimik sind zu einem gewissen Teil durch die Gene bestimmt. Es gibt Kinder, die eher ruhig und zurückhaltend sind, und andere, die schon von klein auf ein sehr lebhaftes Temperament an den Tag legen. Zwei Mütter beim Frühstück mit ihren neun Monate alten Kindern haben dies einmal auf lustige Art beschrieben: Während die kleine Tochter der einen Frau ruhig in ihrem Hochstuhl sitzt und gemütlich ein Brötchen verzehrt , klettert der Sohn der anderen Frau ständig auf alle erreichbaren Möbel und Gegenstände. „Wenn meine Tochter doch nur einmal ein bisschen herumlaufen würde – ständig sitzt sie bei mir!“, so die eine Frau. „Ach, wenn mein Sohn doch einmal ruhig sitzen könnte, andauernd klettert er überall hinauf!“ Mit Humor betrachtet: Man kann es eben keinem recht machen. Mit Erziehung hat das in diesem Alter jedoch noch nichts zu tun.

Ursachen von Verhaltensproblemen können tatsächlich bis zu einem gewissen Grad vererbt sein. Gewisse Charakterzüge bekommt jeder in die Wiege gelegt. Das heißt, es gibt Einflüsse, die nicht zu verändern sind. Allerdings sollte dies keine Ausrede sein, dem Kind diesbezüglich keine Grenzen zu setzen.

3.1. Die Gesellschaft

Die Familie ist ein System, das ständig in Wechselwirkung mit seiner Außenwelt steht. Einflüsse von außen verändern die Familie und umgekehrt. Manchmal kann daher auch die Gesellschaft unerwünschtes Verhalten bei Kindern fördern.
Viele verschiedene Einflüsse wirken sich auf das Verhalten von Kindern aus – manchmal eben auch zum Nachteil.

Besonders starke Einflüsse gehen aus von:

- Freunden
- Kindergarten
- Schule
- Medien (wie Büchern, Fernsehen, Computerspielen, Mobiltelefon, Internet)

Wenn diese Einflüsse positiv sind, kann ein Kind nur profitieren. Manchmal aber sind Freunde aus Kindergarten und Schule solche, die ein Problemverhalten vorleben oder verstärken. Manchmal werden Medien nicht konstruktiv genutzt oder entsprechen nicht dem Entwicklungsstand bzw. dem Alter des Kindes.

Dies ist aber nicht automatisch der Fall. Eltern können nicht einfach den Freunden oder den Medien die Schuld für ein problematisches Verhalten geben. Sie müssen sich ihrer Verantwortung bewusst sein, dass sie es bis zu einem gewissen Grad in der Hand haben, in welchem Ausmaß ihre Kinder diverse Kontakte pflegen oder bestimmte Medien nutzen. Schwierig wird es dort, wo dieser Einflussbereich endet. In der Schule können die Eltern keinen direkten Einfluss mehr darauf nehmen, mit wem Kinder sich anfreunden oder was andere Kinder an Medienerfahrungen mitbringen. Auch wenn man dem eigenen Kind kein Handy kauft, kann nicht vermieden werden, dass der Rest der Klasse eines bei sich trägt.

Auch problematisches Verhalten kann in diesem Zusammenhang nicht gänzlich vermieden oder begrenzt werden. Die **Einflüsse von außen sind einfach nur bedingt veränderbar**. Jedes Kind muss lernen, sich in die Gesellschaft, in der es lebt, einzufügen und gleichzeitig seine eigenen Werte und Vorstellungen zu entwickeln. In einem ersten Schritt geht es also darum, dass Eltern sich schädigender Einflüsse bewusst werden und sie durch geeignete Alternativen ersetzen. Es geht auch darum, selbst seinen Werten treu zu bleiben und zu Hause das vorzuleben, wovon man überzeugt ist. Kinder können besser mit den Einflüssen umgehen, wenn sie erleben, welche Auswirkungen das Verhalten von verschiedenen Personen hat.

Eine Mutter, der auffällt, dass ihr Kind am liebsten vor dem Computer sitzt, kann diese Zeit eingrenzen oder etwas mit dem Kind unternehmen, was mehr Spaß macht und ihr geeigneter erscheint. Sie kann ihr Kind ermuntern, Freunde einzuladen, Spiele mit dem Kind spielen, einen Ausflug machen bzw. interessante Beschäftigungen mit dem Kind auswählen, bei denen es sich selbst beschäftigt.

Der Einfluss von Freunden wird mit zunehmendem Alter immer größer und wichtiger, in der Pubertät ersetzt er dann immer mehr die Beziehung zu den Eltern. Probleme können hier am ehesten vermieden werden, wenn das Kind seine Freunde mit nach Hause bringen kann und die Eltern diese schon (nach Möglichkeit länger) kennen. So haben auch die Eltern im Idealfall eine Beziehung zu den Freunden ihrer Kinder aufgebaut und können über auftretende Probleme oder negative Einflüsse offen mit den Kindern und ihren Freunden sprechen.

Einfluss Bildschirm

Früher klagten Eltern darüber, dass ihre Kinder zu viel vor dem Fernseher sitzen. Das Spektrum hat sich in der Zwischenzeit erweitert. Bildschirme sind Teil unserer Lebensrealität und längst gehört nicht nur das Fernsehen dazu. Dazugekommen ist vor allem das Internet.

Ist der Bildschirm also schädlich?
So einfach lässt sich diese Frage nicht beantworten. Neben der Auswahl des Programms spielt natürlich auch die Zeit, die Kinder vor dem Bildschirm verbringen, eine Rolle. Man spricht von Wenigsehern (ca. 15 bis 20 Minuten täglich), Normalsehern (bis zu einer Stunde täglich) und Vielsehern (über zwei Stunden täglich). Je mehr Zeit vor dem Bildschirm verbracht wird, desto weniger Zeit bleibt natürlich – das ist eine einfache Rechnung – für andere altersgemäße Beschäftigungen wie Spielen, Lesen, Musizieren, sich mit Freunden zu treffen oder Gespräche zu führen. Der Unterschied ist vor allem im Sozialverhalten signifikant. Wenn man 11-Jährige mit 15-Jährigen vergleicht, so kann man deutliche Unterschiede zwischen Wenigsehern und Vielsehern erkennen. Vor allem bis zum Schuleintritt sollte Wert darauf gelegt werden, dass Kinder hauptsächlich echte Sinneserfahrungen machen können. Sie sollten möglichst viele Spiele spielen, bei denen sie spüren, sehen, hören und riechen. Ein Bild von einer Erdbeere im Fernsehen kann nicht deren Geschmack, Geruch und Konsistenz vermitteln, einzig das Aussehen wird abgebildet.

In zahlreichen Studien konnte nachgewiesen werden, dass ein Zusammenhang zwischen den Ernährungs- und Bewegungsgewohnheiten und dem „Vielsehen“ besteht. Kinder, die viel Zeit vor dem Fernseher oder anderen Bildschirmen verbringen, greifen öfter zu hochkalorischen Nahrungsmitteln und beteiligen sich weniger an gemeinsamen Mahlzeiten. Hier spielt natürlich nicht nur der Fernseher eine Rolle, sondern ebenso die Familiengewohnheiten, die ja das Bildschirmverhalten erst entstehen lassen.

Beispielsweise ergab eine Untersuchung von Coon und Mitarbeitern (2001), dass Kinder, bei denen der Fernseher während der Mahlzeiten läuft, 6 % mehr Fleisch, 5 % mehr Pizza, salzige Snacks und Limonaden sowie 5 % weniger Obst, Gemüse und Obstsäfte zu sich nahmen.

Erfahrung und Aufmerksamkeit

Kinder im Vorschulalter können aufgrund des sich erst entwickelnden Gehirns Wahrnehmungen, die sie in Form von Bildschirmerfahrungen machen, nicht so zuordnen wie ein Erwachsener. Sie müssen erst lernen, wie sich beispielsweise eine Tomate anfühlt, wie kalt oder warm sie ist, welche Farbe und welchen Geruch sie hat – ebenso wie sie erst durch Berührungen lernen können, dass die Tomate zerdrückt werden kann und wie es sich anfühlt und anhört, wenn Saft herausquillt. Solche Erfahrungen kann ein Bildschirm nicht vermitteln; sie können nicht durch eine rein optisch-auditive Darbietung ersetzt werden. Kinder müssen echte Sinneserfahrungen machen, um all dies zu lernen. Für einen Erwachsenen ist die Situation anders. Erwachsene HABEN dies bereits gelernt.

Empfehlungen gehen daher in die Richtung, Kinder im Vorschulalter so wenig wie möglich vor dem Bildschirm zu parken. Wenn dies doch geschieht, dann sollte es sich um ausgewählte und kurze Sequenzen handeln, die man gemeinsam mit dem Kind ansieht und die dann mit dem Kind besprochen werden.

3.2. Die Familie und ihr Umfeld

Der Platz, an dem die meisten Kinder aufwachsen, ist die Familie. Die Familie hat daher normalerweise auch den größten Einfluss auf die Entwicklung des Kindes. Dies schließt auch die Entwicklung von Problemverhalten mit ein. Es gibt viele Faktoren, die dazu beitragen können, dass sich problematisches Verhalten bei Kindern entwickelt. Das Bewusstsein darüber, wo diese Ursachen liegen könnten, ermöglicht den Eltern eine Veränderung ihres eigenen Verhaltens. So kann auch Problemverhalten vorgebeugt werden, bevor es entsteht. Im Sinne einer liebevollen Erziehung haben die Eltern die Möglichkeit, ihr eigenes Verhalten zu reflektieren und dadurch das Verhalten des Kindes zu beeinflussen.

3.2.1. Unerwünschtes Verhalten wird unabsichtlich belohnt

Fast schon ein Klassiker, der aus einem Film stammen könnte: Eine Mutter betritt mit ihrem Kind den Supermarkt. Zunächst verläuft der Einkauf recht angenehm, bis zu dem Zeitpunkt, an dem die beiden an die Kasse kommen, wo es jede Menge Süßigkeiten in Augenhöhe des Kindes zu sehen gibt. In allen Farben leuchtet es dem Kind entgegen, und manches Produkt kennt das Kind schon aus der Werbung. Die Mutter möchte den Lutscher, den das Kind beispielsweise haben möchte, eigentlich nicht kaufen, aber nachdem das Kind begonnen hat zu quengeln und zu schreien, nachdem es sich vielleicht sogar auf den Boden geworfen hat, hält die Mutter die Blicke der umstehenden Personen nicht mehr aus und kauft dem Kind den Lutscher.

Kinder tun das nicht absichtlich, natürlich nicht. Sie sind vielfach bereits durch entsprechende Werbung manipuliert. Außerdem haben haben sie bisher schon oft zur Belohnung Süßes bekommen. Das heißt, sie haben gelernt, dass das etwas besonders Gutes sein muss – von den Erwachsenen.
Zusätzlich **lernt das Kind in dieser Situation** noch etwas: Wenn es **frech genug** ist, laut wird, sich sogar auf den Boden wirft, dann wird **dieses Verhalten belohnt**. Es ist eigentlich nur logisch, dass es dieses Verhalten wiederholen wird.
Ob es sich in solch einem Fall um Süßigkeiten oder ein Joghurt handelt, ist im Prinzip egal. Das Problem ist das **falsche „Timing".** Das Kind bekommt **eine Belohnung *nachdem* es laut geworden ist oder sich störend verhalten hat**. Hätte man dem Kind bereits vor dem Supermarktbesuch gesagt, dass es sich heute etwas aussuchen darf, würde man kein störendes Verhalten belohnen. Das heißt jetzt aber nicht, dass sich das Kind bei jedem Supermarktbesuch etwas aussuchen darf. Es heißt nur, dass es nicht belohnt werden sollte, wenn es sich gerade negativ verhalten hat. Dazu gehört allerdings nicht nur das Thema „Essen".

Dazu zählt jede Art von materieller Belohnung wie Geld, Kleidung, Spielzeug etc. Besonders häufig zählt dazu einfach nur Aufmerksamkeit. Gerade dann, wenn das Kind dazwischenredet, unterhält man sich ausführlich mit ihm. Vielleicht geht es in dem Gespräch zwar nur darum, dass die Mutter sich gerade mit jemand anderem unterhalten möchte, aber eines ist sicher: Das Kind erhält in diesem Augenblick die ungeteilte Aufmerksamkeit – und nicht vorher, als es noch ruhig mit ihr reden wollte, ohne zu stören.

Wenn ein Kind zum ersten Mal **Schimpfwörter** vom Kindergarten nach Hause bringt, könnte es sein, dass **Eltern lachen** oder **entsetzt reagieren** und **besonders lange mit dem Kind reden**. So erhält das Kind die **maximale Aufmerksamkeit** – das Ziel ist erreicht und es wird das Schimpfwort voraussichtlich wieder verwenden. Hier müsste man diese „neuen" Wörter konsequent ignorieren, damit das Kind sie nicht mehr benutzt.

3.2.2. Man tappt in eine Eskalationsfalle – oder in zwei

Es geht vielleicht nur um eine harmlose Sache.

Der 4-jährige Sohn möchte unbedingt noch am Spielplatz bleiben und seine Mutter weiß, dass es jetzt höchste Zeit ist, nach Hause zu gehen, damit nicht der ganze Tagesrhythmus durcheinandergerät. Sie sagt also: „Nein." Der Kleine protestiert und schreit: „Doch!" Die Mutter sagt nochmals: „Nein." Der Kleine schreit noch lauter: „Doch!!!" Die Mutter gibt nach und sagt: „Na gut, noch fünf Minuten, aber dann ist Schluss."

Jeder kennt solche Situationen. Situationen, in denen einen das Kind um etwas bittet oder fragt und, obwohl es nicht möglich ist, diese Grenzen nicht akzeptieren will. Es wird **lauter**, es wird **fordernder** und **eventuell eskaliert die Situation** so sehr, dass es **bekommt, was es will**.

Was lernt ein Kind in so einem Moment? Es lernt, dass **sich dieses Verhalten lohnt**. Und wahrscheinlich wird es sein Verhalten **in Zukunft wiederholen.**

Die Eskalationsfalle kann auch etwas anders aussehen.

Beispielsweise bittet ein Vater sein Kind ganz ruhig, das Zimmer aufzuräumen. Das Kind ist neun Jahre alt und durchaus in der Lage, diese komplexe Aufgabe allein zu bewältigen. Der Vater sagt also: „Bitte räum dein Zimmer auf." Daraufhin reagiert das Kind mit leicht jammerndem Unterton: „Gleich!" Der Vater wiederholt seine Bitte, allerdings schon ein bisschen lauter: „Räum jetzt dein Zimmer auf!" Wieder folgt ein: „Gleich!" Jetzt reicht es dem Vater und er schreit das Kind an: „Räum jetzt sofort dein Zimmer auf!" Das Kind reagiert zwar leicht eingeschnappt, aber doch etwas unterwürfig mit einem: „Na gut."

Was ist hier passiert?
Die Situation ist in die andere Richtung eskaliert.
Das Kind erhält die Botschaft: **Nur wenn Papa laut wird, meint er es auch ernst.** Das Kind **wird also erst reagieren**, wenn der Vater laut wird. Umgekehrt wird der Vater zum Schluss kommen, dass das Kind nicht reagiert, wenn er es nicht laut und deutlich sagt. Beide befinden sich im Grunde in einem Teufelskreis, der durchbrochen werden muss. Die Falle kann nur aufgelöst werden, wenn der Vater seine Einstellung ändert und auf neue Verhaltensweisen zurückgreift, die es ihm ermöglichen, den Respekt seines Kindes auch zu erhalten, wenn er **nicht** laut wird. Das Kind muss lernen, dass Anweisungen nicht erst dann Gültigkeit haben, wenn sie mit lauter Stimme gegeben werden bzw. wenn man sogar angeschrien wird.

3.2.3. Erwünschtes Verhalten wird ignoriert

Zwei Szenarien:

In einem Hotel sitzt eine Familie beim Frühstück und man kann durch den abgetrennten Raum nur die Worte und Gespräche hören. Von der mehrköpfigen Familie hört man deutlich die Stimme der Kleinsten, die begeistert einen Korb Brot am Buffet entdeckt. Sie fragt: „Kann ich bitte eine Semmel haben?" Niemand reagiert darauf. Es folgen jede Menge Ermahnungen nach dem Motto: „Bleib jetzt sitzen." „Steh nicht schon wieder auf." „Aber nicht so viel." „Nein, das ist nichts für dich." Dazwischen gibt es noch Ansätze einer Unterhaltung. Die letzten Sätze, die man hören kann, sind: „Kann ich eine Semmel haben?" (Diesmal ohne „Bitte.") Und prompt kommt die Antwort: „Wie sagt man da?"

Das „Bitte“ wurde – unabsichtlich, aber doch – ignoriert und später dann doch wieder eingefordert.

Ähnliches hat man auch in Schulklassen untersucht. In einem Versuch wurde eine „gute“ Klasse für ein paar Wochen in eine „schlechte“ verwandelt. Man veranlasste den Lehrer, die Kinder nicht mehr zu loben. Als der Lehrer die Kinder nicht mehr lobte, stieg das unerwünschte Störverhalten von 8,7 auf bis zu 25,5 % an. Der Lehrer rügte das Störverhalten und unterließ es, das Verhalten der Kinder zu loben, die sich mit ihrer Arbeit beschäftigten. Als man den Lehrer bat, die Kinder anstatt fünfmal in 20 Minuten 16-mal in derselben Zeit zu rügen, war das Störverhalten sogar noch stärker. Es nahm bis zu einem Durchschnitt von 31,2 % zu und lag an manchen Tagen bei über 50%.

Dieser Versuch zeigt, wie sehr die Aufmerksamkeit dorthin geht, wohin man sie lenkt. Richtet man seine Wahrnehmung auf das störende Verhalten, verändert sich dieses. Verhalten, das man fördern möchte, muss auch konkret angesprochen werden. Dabei geht es vor allem um die Handlungen, die gesetzt werden, denn diese sind ausbaufähig.

Beispielsweise können Eltern ihrem Kind sagen:
„Das war sehr hilfsbereit von dir, wie du heute den Tisch abgeräumt hast.“
„Ich finde es sehr ehrlich von dir, dass du mir erzählt hast, dass du das Glas zerbrochen hast.“
„Ich finde es sehr geschickt, dass du dein Brot jetzt schon ganz alleine streichen kannst.“

Erwünschtes Verhalten anzusprechen, erfordert, dass Eltern die **Wahrnehmung für das positive Verhalten ihres Kindes schärfen**. Sie müssen neu sehen lernen und täglich entdecken, was ihr Kind bereits gut macht. Viel scheinbar „Selbstverständliches“ wird ignoriert, leider oft so lange, bis das Kind mit diesem positiven Verhalten aufhört. Was immer Eltern entdecken, was ihr Kind gut macht, sollten sie ihm sagen, einfach nur sagen. Das stärkt das Selbstwertgefühl des Kindes und fördert eine liebevolle, vertrauensvolle Beziehung zwischen Eltern und Kindern.

3.2.4. Lernen am Modell

Kinder **lernen an ihren Vorbildern**. Sie lernen von ihnen **durch Beobachtung richtiges, aber auch falsches Verhalten.**

Wenn Marions Papa nach Hause kommt, raucht er zuallererst seine Zigarette, um zu entspannen. Saras Mama knallt immer die Türen zu, wenn sie sich ärgert. Peters Eltern sind sehr chaotisch und oft stapelt sich in der Küche das Geschirr, und die Wäsche bleibt auch lange liegen. Irgendwann räumen sie dann wieder einmal alles auf, aber so eine richtige Struktur haben sie nicht. Und dann sind da noch Sabines Eltern, bei denen den ganzen Tag der Fernseher läuft und wann immer man Zeit hat, setzt man sich davor. Pauls Freund hat es sich angewöhnt, statt eines Taschentuchs seinen Pulloverärmel zu verwenden, und Martinas Freundin wirft permanent mit Schimpfwörtern um sich.

Die Liste der möglichen Beispiele könnte endlos fortgesetzt werden. Tatsache ist, dass Kinder all diese **Verhaltensweisen sehen und möglicherweise kopieren**. Wann immer ein Kind eine gute Beziehung zu seiner Modellperson hat und sich auch etwas von dem kopierten Verhalten verspricht, wird es dieses Verhalten nachmachen.

In diesem Zusammenhang spricht Albert Bandura vom „reziproken Determinismus": **Verhalten** wird **nicht als etwas rein Gegebenes gesehen, sondern es entsteht durch eine wechselseitige Beeinflussung von Mensch und Umwelt**. Ausgangspunkt ist die Feststellung, dass Verhaltensänderungen sich auch dann einstellen können, wenn eine Person nicht selbst in einen Lernprozess verwickelt ist, sondern wenn sie die Gelegenheit hat, das Verhalten einer anderen Person zu **beobachten**. Das heißt, ein Verhalten kann auch gelernt werden, indem man anderen Menschen dabei zusieht, wie sich dieses Verhalten bei ihnen auswirkt.

Mit diesem Konzept des Beobachtungslernens kann neben der **Veränderung bereits bestehender Verhaltensweisen** auch die **Aneignung und Ausführung neuer Verhaltensweisen erklärt** werden.

Beim Beobachtungs- oder Modelllernen verfügt eine lernende Person, zum Beispiel ein Kind, über ein bestimmtes Verhaltensrepertoire. Eine zweite Person, die Modellperson, zum Beispiel die Mutter, verfügt über ein anderes Verhaltensrepertoire. Sagen wir, die Mutter verhält sich vertrauensvoll und vertrauenswürdig einer Freundin gegenüber und das

Kind hat Gelegenheit, dies zu beobachten. Beobachtet nun das Kind die Modellperson (die Mutter), wie sie ihre Verhaltensweisen oder eine ihrer Verhaltensweisen ausübt, so kann es diese durch das Beobachten in sein eigenes Verhaltensrepertoire aufnehmen. Dabei unterscheidet man zwischen **Aneignung** und **Ausführung**.

Mit **Aneignung** meint man eine Art innere Kopie zur Orientierung für die Ausführung. Ob die **Aneignung** ausgeführt wird, hängt von verschiedenen Bedingungen ab, insbesondere von der **Verstärkungserwartung.**

Ob und in welchem Ausmaß eine Person auf dem Wege des Beobachtungslernens ihr Verhaltensrepertoire verändert, hängt von einer **Reihe von Bedingungen** ab:

- Merkmale der lernenden Person
- Merkmale der Modellperson
- Qualität der Beziehung
- Merkmale der Situation

Einerseits sind die **Merkmale der lernenden Person von Belang**. Personintern ablaufende Prozesse sind für die Aneignung und Ausführung unentbehrlich. Solche Merkmale sind zum Beispiel Selbstsicherheit, Beeinflussbarkeit, Abhängigkeit, soziale Isoliertheit.

Weiters spielen die **Merkmale der Modellperson** eine bedeutsame Rolle. Modelle, die mit Prestige, Macht, Intelligenz und Fähigkeiten ausgestattet sind, werden in beträchtlich höherem Maße nachgeahmt als Modelle von niedrigerer Position. Das Verhalten einer Modellperson mit hohem Status wird als zielführender eingeschätzt.

Die **Qualität der Beziehung** zwischen lernender und Modellperson übt ebenfalls Einfluss aus. Eine herzliche und warmherzige Beziehung zwischen Beobachter und Modellperson wirkt sich auf die Verhaltensübernahme erleichternd aus. Dies gilt vor allem bei der Aneignung und Ausführung prosozialer Verhaltensmuster. Ein anderes identifikationserleichterndes Merkmal ist die wahrgenommene Ähnlichkeit zwischen Beobachter und Modellperson.

Ebenso bedeutsam sind schließlich **Merkmale der Situation**. Situationen, in denen für die Ausführung eines bestimmten Verhaltens negative Konsequenzen erwartet werden, tragen selbst dann eher zur Unterdrückung des entsprechenden Verhaltens bei, wenn zuvor dasselbe Verhalten bei einer Modellperson erfolgreich verlaufen ist.

Wenn es in der eigenen Peer-Group „cool" ist, Schimpfwörter zu benutzen, zerrissene Kleidung zu tragen, auf eine gewisse Art zu gehen, Sticker zu sammeln etc., dann wird man wahrscheinlich dieses Verhalten nachmachen wollen, um dazuzugehören.

Im Zusammenhang mit der eigenen Familie ist es hier besonders wichtig, dass die Wertvorstellungen der Familie in manchen Punkten „attraktiver" sind als die der Peer-Group. „Wir mögen solche Wörter nicht." „Bei uns in der Familie redet man freundlich miteinander." „Wir spielen lieber miteinander als den ganzen Abend fernzusehen."
Einer Familie muss bewusst sein, dass jegliches Verhalten von ihrer Seite Einfluss auf ihre Kinder nehmen wird.

Jede Verhaltensweise, jede Art, Entscheidungen zu treffen, der eigene Tonfall, sogar der Humor, die individuelle Art, mit anderen Menschen umzugehen und über sie zu sprechen, wie man sich kleidet und wie man denkt – Eltern sind immer Vorbild. Ob sie im Straßenverkehr an der Ampel stehen bleiben oder einen Helm beim Fahrradfahren tragen, nur durch das Elternsein ist man Vorbild. Sich dessen bewusst zu sein, heißt, zu erkennen, wie sehr Eltern dazu beitragen können – allein durch ihr eigenes Verhalten –, das Verhalten ihrer Kindes positiv zu beeinflussen. Es führt ihnen aber auch ihre eigenen blinden Flecken vor Augen, wenn sie zum Beispiel einen Satz aus dem Mund ihres Kindes hören, den sie als den eigenen erkennen.

3.2.5. Anweisungen werden in ungeeigneter Weise gegeben

Immer dann, wenn Eltern möchten, dass ihr Kind etwas tut oder unterlässt, drücken sie dies in Form von Anweisungen aus. „Räum dein Zimmer auf." „Lass deinen Bruder mitspielen." Diese Anweisungen fallen nicht immer sehr positiv aus. Manchmal rufen sie sogar durch die Art und Weise, wie sie dem Kind kommuniziert werden, Problemverhalten hervor.

Ungünstig ist vor allem, wenn:

- **zu viele** Anweisungen auf einmal gegeben werden,
- es **zu wenig** Erklärungen für die Anweisung gibt,
- die Anweisung **zu ungenau** formuliert wird,
- die Anweisung **zu hart** ist (oder nicht altersgerecht),
- der **Zeitpunkt nicht passend** ist,
- die **Anweisung nicht** mit der **Körpersprache** des Elternteils **übereinstimmt.**

Zu viele Anweisungen werden oft in Überforderungssituationen gegeben. Nach einem langen Tag betreten Eltern das Zimmer ihres Kindes und sehen dort Chaos. Ungünstig wäre es, jetzt zu sagen:
„Räum die Legosteine in die Legokiste und gib die Schmutzwäsche in den Wäschekorb. Außerdem verräum das Papier und die Stifte, und dann musst du noch deinen Tisch abwischen." Das sind zu viele Anweisungen auf einmal. Wahrscheinlich wird sich das Kind überfordert fühlen und nur einen Bruchteil des Verlangten ausführen, wenn überhaupt.

Zu unklare Anweisungen gibt es immer dort, wo Erwachsene es nicht schaffen, die Welt aus den Augen des Kindes zu sehen. Für die Erwachsenen sind gewisse Abläufe klar und automatisiert, das Kind muss diese erst lernen. Eine Straße zu überqueren oder das Besteck richtig zu verwenden, kann bei kleineren Kindern schwierig genug sein. Anweisungen wie „Geh ordentlich über die Straße!" oder „Halt das Besteck richtig!" reichen hier nicht immer aus.

Manche **Anweisungen** sind **zu ungenau** und werden daher vom Kind nicht richtig verstanden. Sätze wie „Sei brav!" oder „Tu nicht so komisch!" sagen sehr wenig aus. Konkrete Formulierungen helfen dem Kind zu verstehen, was es tun soll. An Stelle schwammiger Sätze könnten beispielsweise Aufforderungen wie die folgenden treten: „Sei bitte leise, so lange deine Schwester schläft." „Frag mich bitte, wenn du etwas haben willst, statt zu jammern!"

Zu harte Anweisungen werden meist dann gegeben, wenn Eltern den Entwicklungsstand des Kindes nicht richtig einschätzen können. Meistens ist es sehr positiv, wenn die Eltern ihren Kindern viel zutrauen; wenn ihre Vorstellungen jedoch nicht realistisch sind, weil das Kind in seiner Entwicklung noch nicht an dem Punkt angelangt ist, den sie sich wünschen oder erwarten, sind Anweisungen schnell zu hart.

„Geh jetzt aufs Klo, statt in die Windel zu machen!" funktioniert nicht, wenn das Kind seine Ausscheidungen noch nicht kontrollieren kann.
„Räum dein Zimmer allein auf!" funktioniert bei einem dreijährigen Kind nicht, das selbst noch keine ausreichende Struktur in seine Handlungen bringen kann.
„Sitz ruhig beim Essen!" ist den meisten Ein- bis Zweijährigen ebenfalls noch nicht für einen längeren Zeitraum möglich. Sie haben erst so richtig begonnen, sich zu bewegen, und sind motorisch sehr aktiv. Längere Zeit ruhig an einem Ort zu bleiben, gelingt ihnen noch nicht.

Ein **falscher Zeitpunkt** kann sehr viel Unruhe und Unzufriedenheit hervorrufen, befolgen wird das Kind die Anweisung aber kaum. Ein Kind, das gerade seinen Lieblingsfilm sieht oder mitten in ein Spiel vertieft ist, mit dem es eben begonnen hat, sollte diese Handlung wenn möglich abschließen können. Wer vorhat, etwas zu unternehmen, sollte besser rechtzeitig ankündigen, wann man aufbrechen wird und wie lang das Kind folglich vorher noch Zeit hat, zu spielen.

Während die Mutter „Nein!" sagt, lächelt sie und spricht mit lustiger Stimme. Das ist eine Anweisung, bei der die **Körpersprache** bzw. in diesem Fall auch die **Stimmlage** und die **Mimik nicht mit dem Inhalt übereinstimmt**. Daher wird das Kind auf die nonverbale Botschaft reagieren und das Nein der Mutter eben ***nicht*** berücksichtigen.

3.2.6. Negative emotionale Mitteilungen

„Bist du dumm!"
„Schäm dich!"
„Wenn das der Opa sehen könnte!"
„Wart nur, bis der Papa heimkommt!"

Mitteilungen dieser Art sind allesamt **negativ** und haben mit Sicherheit **keinerlei positive Auswirkungen** auf das Kind.
Einzig das **Selbstwertgefühl** des Kindes wird **geschwächt**. Einfach ausgedrückt sind **Aussagen dieser Art kein Bestandteil einer liebevollen Erziehung**.

Es gibt keine Ausrede dafür, so mit einem Kind zu sprechen. Kinder sind immer in der schwächeren Position, sei es in der Familie oder in anderen Institutionen wie Kindergarten oder Schule. Sämtliche erwachsenen Erziehungspersonen müssen sich ihrer Rolle und Verantwortung als solche bewusst sein und eine Kommunikation dieser Art vermeiden. An ihre Stelle tritt eine wertschätzende und liebevolle Sprache. Wann immer einem erwachsenen Menschen so etwas „passiert", ist es wichtig, dass er oder sie seine Worte zurücknimmt und sich dafür entschuldigt.
Aussagen dieser Art stellen eine Beleidigung dar und verallgemeinern Verhaltensweisen des Kindes so sehr, dass es auf der Identitätsebene angegriffen wird. „Du bist ..." meint immer gleich die ganze Person.

Wann immer etwas angesprochen wird, das für die Entwicklung des Kindes wichtig ist, sollte man **bei seinen Stärken** ansetzen:

„Du bist wirklich ein schlauer Rechner!" „Du bist wirklich fleißig!"

Die andere Möglichkeit besteht darin, das konkrete Verhalten anzusprechen, das verändert werden soll.

„Du hast heute von sieben Rechnungen fünf falsch gerechnet. Es wäre wichtig, dass du das noch einmal übst." „Du hast diese Woche nur zwei Mal Klavier geübt. Es ist nötig, dass du täglich übst, wenn du das Stück am Ende der Woche gut spielen möchtest."

3.2.7. Ungünstige Erwartungen und ungünstige Einstellungen

Negative Einstellungen und Erwartungen können Problemverhalten hervorrufen.

Drei Hauptprobleme dabei sind die folgenden Ansätze:

- „Das geht vorbei – es ist nur eine Phase!"
- „Sie/er macht das absichtlich und will mich provozieren!"
- „Ich bin schuld daran, dass mein Kind so ist, wie es ist!"

„Das geht schon vorbei – es ist nur eine Phase!":
In diesem Fall unternehmen Eltern nicht rechtzeitig etwas gegen das Problemverhalten und es verfestigt sich, weil keine Konsequenzen gesetzt werden.

Natürlich kann es sein, dass ein Verhalten von selbst verschwindet. **Viele Verhaltensweisen** sind **entwicklungsbedingt und völlig normal**. Kinder bis zu einem gewissen Alter sitzen nicht ruhig oder suchen noch nicht die Toilette auf. Bis zu einem gewissen Alter wollen Kinder nicht ohne ihre Bezugspersonen bleiben und weinen, wenn diese den Raum verlassen. All das ist natürlich normal. Wenn das Kind alt genug ist, wird es am Tisch sitzen oder keine Windel mehr brauchen. Ab einem bestimmten Alter wird es gerne mit Freunden zusammen spielen und die Mama muss nicht immer dabei sein. Abgesehen von diesen entwicklungsbedingten Verhaltensänderungen gibt es jedoch auch **genügend Verhaltensweisen, die durch die Erziehung mitbeeinflusst werden**. Ein Kind, das andere beißt oder schlägt, macht tatsächlich auch eine Entwicklung durch und lernt im Moment, dass man durch dieses Verhalten ein Ziel erreichen oder

dass man so seine Wut ausdrücken kann. Langfristig aber sollte es das Erziehungsziel sein, dass das Kind lernt, dies auf andere Art und Weise zu tun. Man muss nicht unbedingt beißen, um seine Wut auszudrücken, und nicht unbedingt schlagen, um etwas zu bekommen, was man gern möchte.

Wenn Eltern dies nicht erkennen und nichts gegen die von ihrem Kind eingesetzte **Art und Weise,** zum Ziel zu kommen, unternehmen, bleibt das Problemverhalten bestehen bzw. verfestigt sich.

***„Sie/er macht das absichtlich und will mich provozieren“*:**
Hier sollten die Eltern zunächst einmal ihr eigenes Verhalten kritisch hinterfragen, bevor sie ihrem Kind Absichten unterstellen. Kleinkinder sind von ihrer Denkentwicklung her noch gar nicht so weit, dass sie absichtlich (im Sinne von geplant) provozieren könnten. Sie haben vielleicht aus Versuch und Irrtum oder durch die Reaktion der Eltern gelernt, was auf ihr Verhalten hin passiert, und reagieren verlässlich darauf. Das hat aber nichts mit absichtlichem Provozieren zu tun. Eine Haltung dieser Art führt wahrscheinlich dazu, dass es Eltern nicht mehr gut gelingt, liebevoll und ermutigend auf ihr Kind zu reagieren.
Für die Eltern wäre es daher sinnvoll, das Verhalten des Kindes genau zu beobachten und darüber nachzudenken, was sie selbst dazu beitragen könnten, dieses zu ändern.

„Ich bin schuld daran, dass mein Kind so ist, wie es ist!"
Mit Schuldgefühlen ist niemandem gedient. Hier ist vielleicht eine Begriffsklärung von Ursache und Schuld nützlich. Es kann sein, dass die **Ursache** dafür, dass das eigene Kind das neue Geschwisterchen beißt, Eifersucht ist. Dadurch erkläre ich das Verhalten. Das neue Geschwisterchen ist jedoch **nicht schuld** daran, dass sein Bruder oder seine Schwester beißt – damit würde ich ihm nämlich ein nicht vorhandenes Fehlverhalten unterstellen.

Auch Eltern sind **meistens nicht schuld** daran, wenn ihr Kind etwas nicht macht oder eben schon, obwohl es nicht soll. Die meisten Eltern meinen es gut mit ihrem Kind und bemühen sich, so gut sie nur können, ihr Kind nach ihren Vorstellungen zu erziehen. Das heißt aber noch lange nicht, dass die **Ursachen** für ein Verhalten des Kindes nicht **im Verhalten der Eltern liegen können**.

Daher kann es sehr zu einer Verbesserung des kindlichen Verhaltens beitragen, wenn Eltern ihr Verhalten unter die Lupe nehmen und eventuell verändern. Was allerdings wenig bringt, ist, wenn sich die Eltern beschuldigen oder schlecht fühlen.

3.2.8. Die Beziehung der Eltern

Schon mehrfach war in diesem Buch die Rede davon, dass die Kinder der Spiegel ihrer Eltern sind. Die Gefühle der Eltern, mögliche psychische Probleme oder Erkrankungen, ihre Beziehung zueinander und Stress im Leben der Eltern haben Auswirkungen auf ihre Kinder.

Besonders **wichtig** ist die Qualität der **Paarbeziehung**: „Wie fühlt sich der Zwischenraum zwischen mir und meinem Partner an?" Dieser Zwischenraum ist der Ort, an dem die Kinder aufwachsen, und Eltern können viel dazu beitragen, ihn zu einem guten, sicheren Platz werden zu lassen. Sie können auf ihre Worte und Taten achten, die diesen Zwischenraum reinigen oder verschmutzen. Sie können ihn pflegen wie einen Garten oder sie können ihn vernachlässigen. Alle Eltern sind Gärtner ihrer Beziehung und für diesen Zwischenraum verantwortlich. Eine liebevolle Beziehung ist eine gute Grundlage für eine liebevolle Erziehung. Säuglinge und Kleinkinder können sich vielleicht noch nicht verbal artikulieren, jedoch reagieren Sie bereits sehr gut auf subtile Reize und Stimmungen. Eine liebevolle Atmosphäre trägt wesentlich zu

ihrem Wohlbefinden und ihrer positiven psychischen Entwicklung bei. In diesem Sinne ist es schön, wenn es Eltern gelingt, sich Zeit für Ihre Beziehung zu nehmen – Zeit, die sie nur miteinander verbringen. Eine wichtige Erkenntnis nicht nur für unsere Zeit lautet: Die Elternbeziehung ist kostbar.

4. FÖRDERN UND STÄRKEN

Um Kinder zu fördern und in ihrem Selbstwert zu stärken, müssen Eltern ehrlich ihre eigenen Wünsche und Erwartungen an das Kind hinterfragen. Sie müssen sich bewusst werden, dass jeder Moment, den sie mit ihrem Kind verbringen, unausgesprochen oder ausgesprochen etwas über sie selbst erzählt. Es ist ihre Ansicht über das, was gut und richtig ist, die sie dem Kind in der Erziehung vermitteln.

Die eigenen Wünsche an das Kind sind den Eltern nicht immer bewusst. Deshalb teilen sie diese ihrem Kind oft gar nicht mit. Und deshalb bemerken sie mitunter auch nicht, dass ihr Kind die unausgesprochenen Wünsche oft gar nicht erfüllen kann, auch wenn es dies möchte.

Will man sein Kind in seinem Selbstwert stärken und positive Verhaltensweisen fördern, muss man sich als Elternteil zunächst klar darüber werden, welche Wünsche oder Erwartungen man an sein Kind richtet. Wie klar ist man sich selbst über sein Menschenbild, seine Werte, Regeln und gewünschten Verhaltensweisen? Und wie klar hat man das dem Kind bisher kommuniziert?

Mit dem Bewusstsein und Bewusstwerden dieser dahinterliegenden Gedanken und Einstellungen kann es gelingen, eine klare und wertschätzende Kommunikation mit dem Kind aufzubauen und Verhaltensweisen zu fördern, die den Eltern wichtig erscheinen. Es kann gelingen, dass das Kind das hört, was gemeint ist. Das Kind kann Verhaltensweisen erlernen, die das Wertesystem der Eltern ganz oder zumindest teilweise widerspiegeln.

4.1. Ziele setzen

In meinen Seminaren spreche ich gern über die „rosaroten Elefanten“ in jeder Familie. Ich bitte die Teilnehmer dann, sich KEINEN rosaroten Elefanten vorzustellen. Es gelingt nicht. Im besten Fall werden die rosaroten Elefanten ganz schnell umgefärbt oder auf die Seite geschoben, manche streichen sie auch in ihrer Vorstellung durch.
Fakt ist aber, dass sie ganz spontan und mit Sicherheit wieder auftauchen.

Was sind die rosaroten Elefanten in unseren Familien?

Gemeint sind damit all jene Ziele, die negativ formuliert sind. Solche Ziele formulieren Eltern gern als Anweisungen an ihre Kinder, ohne zu bemerken, dass es unter anderem an der Art der Formulierung und nicht am Kind liegt, wenn dieses nicht wie gewünscht reagiert.

Ein Beispiel: „Bitte lass nicht immer alles herumliegen!"
Was entsteht vor den Augen des Zuhörers – also des Kindes – wenn es diesen Satz hört? Wahrscheinlich das Bild einer gewissen Unordnung.

Diese Tatsache zeigt auf, dass das Gehirn das Wort NICHT nicht abbilden kann. Daher baut es, selbst wenn jemand noch so oft und deutlich NICHT sagt, genau das Bild auf, das man verhindern wollte – in diesem konkreten Fallbeispiel das Bild von herumliegenden Gegenständen.
Das Kind, das einen negativ formulierten Satz hört, baut KEIN Bild von der Situation auf, die sich die Eltern wünschen, sondern genau das gegenteilige Bild.

Das liegt häufig daran, dass die Eltern selbst noch kein Bild von der Wunschsituation vor Augen haben. Sie ärgern sich gerade über das „Problem" und wollen dieses einfach „loswerden". Damit das Kind aber dem Wunsch der Eltern nachkommen kann, müssen diese ihren Wunsch auch klar ausdrücken.

Eine bildhafte, fruchtende Aufforderung könnte zum Beispiel sein: „Bitte räum deine Malsachen zurück in die Schublade, in der du sie aufbewahrst." Somit ist der Wunsch, ist die Bitte konkret und positiv formuliert. Das Kind hört genau das, was von ihm erwartet wird.

Schon die eigenen Eltern verwendeten vielleicht häufig negativ formulierte Sätze:

- „Greif das NICHT an."
- „Schütte ja NICHT den Saft aus!"
- „Aber NICHT, dass du runterfällst!"

Und da haben wir wieder sogenannte Muster, von denen in Kapitel 1 die Rede war. Eltern sagen vielleicht genau dieselben Sätze wie ihre eigenen Eltern und es ist ihnen bis zum heutigen Tag nicht bewusst. Sie haben nicht die leiseste Ahnung, dass sie das ganz anders machen könnten.

Positiv formulierte Bitte
Man könnte, um eine Aufforderung positiv auszudrücken, zum Beispiel sagen:

- „ Bitte lass das Buch im Regal!"
- „Stell den Saft bitte in die Mitte des Tisches vor dir."
- „Genau, ganz langsam klettern und gut festhalten. Gut machst du das!"

Zwei Dinge könnten jetzt schon bewusst geworden sein, die hilfreich sind, um Kinder zu fördern und zu stärken.

- Eltern müssen selbst klare Vorstellungen davon haben, was sie von ihrem Kind erwarten.
- Eltern müssen ihre Wünsche klar ausdrücken. Nur dann kommen sie beim Kind richtig an.

Kriterien für Ziele

Hilfreiche Kriterien für Eltern, die in der Kommunikation mit ihrem Kind klarer werden möchten.

→ Das Ziel sollte **positiv formuliert** werden.

Statt „nicht", „kein", „nie" sagt man dem Kind lieber, was man genau möchte. Statt „Schlag deinen Bruder nicht, wenn du sein Spielzeug haben möchtest" könnte man zum Beispiel sagen: „Wenn du das Spielzeug deines Bruders haben möchtest, frag ihn, ob er es dir leiht."
Statt „Ich möchte nicht mit meinem Kind schimpfen, wenn es mich ärgert" könnte man sagen: „Ich möchte mit ruhiger Stimme mit meinem Kind sprechen, auch wenn es mich ärgert."

→ Das Ziel sollte möglichst **konkret** formuliert sein.

Oft haben Eltern zwar ein konkretes Bild vor Augen, sprechen aber sehr unkonkret mit ihrem Kind. Sie geben ihr „inneres Foto" nicht weiter und daher kommt es auch nicht an.

Eltern sagen „Hilf mit!" und meinen eigentlich „Bitte räum die Teller und Gläser in den Geschirrspüler, anschließend wisch bitte den Tisch ab und trockne ihn wieder".

Eltern sagen „Kümmere dich um deine Schwester!" und meinen „Bitte schau, was deine Schwester braucht. Du weißt ja, sie ist erst zwei Jahre alt und räumt ohne Aufsicht alle Schränke aus. Allein kann sie sich noch nicht beschäftigen, daher hätte ich gern, dass du mit ihr spielst oder ihr etwas vorliest".

Auch wenn Eltern das gemeint haben, sie haben es ihrem Kind nicht gesagt. Sie dürfen nicht enttäuscht sein, wenn ihr Wunsch daher nicht erfüllt wird.

Wie können Eltern das ändern?

Am besten ist es, die Information auf die Situation bezogen und klar umrissen an das Kind weiterzugeben. Was soll das Kind ganz konkret machen und wann genau?

„Räum die Legobausteine jetzt in die Legokiste".

Anweisung und Ziel stimmen überein. Das Kind weiß, wovon die Mutter oder der Vater spricht, und hat dadurch die Möglichkeit, diese Anweisung auch zu befolgen.

→ Das Ziel sollte **angemessen groß** sein.

Je nach Alter des Kindes kann ein Ziel unterschiedlich groß bzw. komplex sein. Ziele sollten mit der Entwicklung des Kindes einhergehen und dementsprechend formuliert werden.
Ein dreijähriges Kind kann zum Beispiel noch nicht alleine ein sehr unordentliches Zimmer aufräumen.
Ein achtjähriges Kind kann zum Beispiel noch keinen Haushalt versorgen.

Angemessene Ziele sind eine Grundvoraussetzung dafür, dass das Kind Verhaltensweisen erlernt und beibehält.
Die Altersangepasstheit eines Zieles von Seiten der Eltern trägt auch dazu bei, dass die Beziehung zwischen Eltern und Kind liebevoll bleibt.

Angemessene Ziele für Kinder wären zum Beispiel:
Ein Volksschulkind soll selbständig seine Hausübung bis 16 Uhr erledigen.
Ein siebenjähriges Kind soll allein seine Kleider in den Wäschekorb geben.
Die fünfjährige Tochter soll ihren eigenen Teller in den Abwasch stellen.
Der sechsjährige Sohn soll „Grüß Gott!" sagen, wenn die Familie den Nachbarn trifft.

→ Das Ziel muss so formuliert sein, dass es vom Kind **aktiv** erreicht werden kann.

„Ich räume bis zum Abendessen mein Zimmer auf."
„Ich frage morgen gleich um 7.45 Uhr die Lehrerin, was ich heute nicht verstanden habe."

Ziele dieser Art stärken das Kind in seinem Selbstbewusstsein. Anders wäre es bei Aussagen wie „Ich hoffe, dass Mama mir das Zimmer aufräumt" oder „Ich hoffe, dass mich die Lehrerin morgen noch mal fragt, ob ich es verstanden habe".
In den letzten beiden Situationen muss ich warten und hoffen, dass jemand anderer es für mich tut.
Kinder sollten, insofern sie alt genug sind, die Dinge selbst tun, die sie schon können.

- Der **Zeitpunkt der Zielerreichung** sollte **festgelegt** sein.

  Ziele können nicht erreicht werden, wenn es kein konkretes Datum, keinen konkreten Moment oder keine dafür vorgesehene Zeit gibt. Es ist daher erforderlich, zu überlegen, **bis wann** das Ziel erreicht werden soll.

  „Mein Kind soll bis zum Ende der Woche das Buch zurückbringen."
  „Mein Kind soll täglich von 16 bis 16.30 Uhr Gitarre üben."
  „Mein Sohn soll um 20 Uhr in seinem Bett liegen."

  Nur mit einem konkreten Zeitpunkt wird ein Ziel durchführbar. Eltern selbst gewinnen mehr Struktur und können diese an das Kind weitergeben.

- Ziele sollten **„ökologisch"** sein.

  Mit „ökologisch" ist gemeint, dass das Gleichgewicht im System Familie, von dem schon in Kapitel 2 die Rede war, beibehalten wird. Jedes gesetzte Ziel sollte auch den Rest der Familie berücksichtigen und nur dann umgesetzt werden, wenn es keinem schadet und niemanden beeinträchtigt.
  Unökologisch in diesem Sinn wäre ein Ziel wie: „Ich arbeite täglich von 7 bis 22 Uhr." Langfristig würde das den Beziehungen in der Familie schaden, da keine Zeit mehr für gemeinsame Gespräche, Mahlzeiten oder Unternehmungen bliebe.
  Ein ökologisches Ziel in diesem Zusammenhang wäre: „Ich arbeite zu den Zeiten, in denen meine Kinder in der Schule oder in einer für alle passenden Betreuung sind."

4.2. Fördern

Wenn sich Eltern Ziele für ihre Kinder setzen, dann tun sie das vor allem, weil sie ihr Kind in seiner Entwicklung fördern möchten. Es gibt sehr vieles, was bei Kindern gefördert werden kann. Kinder sollten zum Beispiel lernen, wie sie

- mit ihren Gefühlen umgehen,
- mit anderen Menschen umgehen,
- Selbständigkeit erlangen,
- Herausforderungen des Alltags meistern.

4.2.1. Mit Gefühlen umgehen

Dazu gehört, dass Eltern ihren Kindern beibringen, wie sie sich und ihre **Gefühle angemessen ausdrücken**. Sie sollten fragen, wenn sie etwas haben möchten. Dazu gehört auch, dass sie „Bitte" und „Danke" sagen. Weiters sollten sie lernen, in Stress-Situationen nicht impulsiv aus ihrem Gefühl heraus zu handeln, sondern vorher zu überlegen, was das eigene Verhalten beim Gegenüber bewirkt. Beispielsweise muss ein Kind lernen, seine Wut angemessen auszudrücken. Es darf ein anderes Kind nicht anschreien oder schlagen, wenn es sich über dessen Verhalten ärgert.

Dabei ist es wichtig, die Grenzen und Regeln anzuerkennen, die die Familie und die Gesellschaft dem Kind beigebracht haben. Beispielsweise sollte ein Kind nicht einfach nach der Schule zu einem Freund gehen, ohne daheim Bescheid zu geben. Es sollte überlegen, welche Regeln mit den Eltern vereinbart worden sind, und sich bewusst sein, dass die Eltern sich Sorgen machen, wenn sie nicht wissen, wo das Kind steckt. Es sollte, wenn es einen Freund besuchen möchte, vorher mit den Eltern darüber sprechen oder sie rechtzeitig anrufen.

4.2.2. Mit anderen Menschen umgehen

Wie geht man mit anderen Menschen um? Der Umgang mit anderen Menschen ist etwas, was Kinder von Anfang an lernen. Es beginnt in der engen Bindungsbeziehung zwischen Mutter und Kind. Kinder lernen durch den Kontakt und die Beziehung mit anderen ihre Gefühle wahrzunehmen und sie lernen sich einzufühlen. **Einfühlungsvermögen** oder **Empathie** haben bereits sehr kleine Kinder, wenn sie sich zum Beispiel erkundigen: „Geht es dir nicht gut? Du schaust traurig aus!"
Im Umgang mit anderen Menschen ist es für das Kind äußerst wichtig, Kontakte zu pflegen, mit anderen Kindern zu spielen und dabei bestimmte Regeln einzuhalten, damit das Zusammenleben und – spielen gut funktioniert.

Eltern können die **Wahrnehmung von Gefühlen** dadurch **fördern**, dass sie mit ihrem Kind offen über ihre Gefühle sprechen und sie auch benennen. Wut, Angst, Trauer, aber auch Freude, Stolz und Zufriedenheit sind solche Gefühle. Eltern können zum Beispiel selbst sagen, dass sie froh oder traurig sind, oder mit dem Kind darüber sprechen, wenn sie bei anderen Menschen Gefühle wahrnehmen: „Schau, das Mädchen sieht wütend aus."

Die Wahrnehmung dieser Gefühle ist eine wichtige Grundvoraussetzung dafür, dass es Kindern gut gelingt, sich angemessen zu verhalten. Nur wer wahrnehmen kann, dass sein Gegenüber traurig ist, kann spüren,

was der andere in diesem Augenblick besonders braucht. Kinder, die Gefühle nicht einschätzen können, reagieren falsch und es kommt daher eher zu Konfliktsituationen, Streit und Gewalt.

4.2.5. Selbständigkeit fördern

Wie fördert man **Selbständigkeit**?
Eltern können die Selbständigkeit ihres Kindes fördern, indem sie es möglichst viel selber tun lassen. All das, was dem Kind von den Eltern erlaubt ist und was es bereits ohne fremde Hilfe schafft, sollte man ihm zutrauen. Seine Hausübung machen, einen Kuchen backen, die Schuhe anziehen, seine Haustiere versorgen und vieles mehr sind für das Kind Erfolgserlebnisse. Sie geben dem Kind die Möglichkeit, sich selbst zu beschäftigen oder Verantwortung für sich und sein Umfeld zu übernehmen.

4.2.6. Herausforderungen des Alltags meistern

Wie meistern Kinder die **Herausforderungen des Alltags**?
Herausforderungen des Alltags gibt es ständig. Das Kind hat seinen Haustürschlüssel vergessen oder das Blatt mit den Rechnungen in der Schule auf der Bank liegen lassen. Das Kind weiß nicht, wie es die Schwester dazu motivieren könnte, mit ihm gemeinsam ein Spiel zu spielen, oder wie es mit einem Freund etwas ausmachen könnte. Ständig gibt es Fragen und Entscheidungen, die getroffen werden müssen.
Man kann seine Kinder fördern, indem man sie animiert, selbst eine Lösung zu versuchen. Kinder haben oft sehr gute Ideen und Erwachsene müssen nicht immer alles vorgeben. Wenn das Kind nicht mehr weiterweiß, darf man ihm natürlich helfen. Dies kann in Form von Vorschlägen oder von konkreten Handlungen geschehen.

Ein Beispiel: „Hast du eine Idee, wie ihr es schafft, euch beim Autospielen abzuwechseln?“ „Ja, bis zum Kirschbaum darf ich fahren und Peter dann wieder zurück. Dann ist es gerecht.“ „Da habt ihr eine gute Lösung gefunden, die für beide fair ist!“

4.3. Verhaltensbeobachtung mit System

Eltern möchten gerne das kooperative Verhalten ihres Kindes fördern, doch es gelingt oft nicht, weil die Eltern gar nicht verstehen, wie ein problematisches Verhalten entstanden ist.

Ein Beispiel: Manuel (zweieinhalb Jahre) schlägt seinem Bruder (fünf Monate) immer auf den Kopf, wenn er in seinem Hochstuhl sitzt. Keiner in der Familie kann dieses plötzliche Verhalten verstehen, denn bisher hat Manuel seinen Bruder nie geschlagen. Die Mutter hat schon alles Mögliche versucht. Sie klagt: „Schimpfen bringt nichts. Gut zureden auch nicht."

In solchen Situationen kann es hilfreich sein, dieses ungewöhnliche Verhalten des Kindes genau zu beobachten. Die Eltern können dokumentieren, was passiert, wenn der kleine Manuel seinen Bruder schlägt.
Am besten notieren sie sich zunächst einmal, was genau abläuft. Außerdem wäre es hilfreich, zu notieren, was vorher passiert ist und was nachher. So können die Eltern feststellen, ob es an den Bedingungen vor der Handlung des Kindes liegt oder ob sie selbst im Nachhinein das negative Verhalten von Manuel bestärken, ohne dass es ihnen bisher aufgefallen ist.

Ein Beispiel für diese Beobachtung:
„Manuel sieht, wie ich seinen Bruder in den Hochstuhl setze. Daraufhin kommt Manuel angelaufen und schlägt seinem kleinen Bruder auf den Kopf. Ich schimpfe mit Manuel und erkläre ihm, dass er seinem Bruder nicht wehtun darf."

Die Eltern könnten nun, wenn sie das über ein oder zwei Wochen notieren, Folgendes herausfinden: „Er schlägt ihn immer nur, wenn er im Hochstuhl sitzt."
Und: „Wir schimpfen jedes Mal verlässlich mit ihm."

Es könnte ihnen dadurch etwas klar werden:

→ Der Hochstuhl war vorher der von Manuel. Die Eltern haben gedacht, er braucht ihn jetzt nicht mehr, weil er schon auf einem normalen Stuhl sitzen kann. Das scheint ihn aber zu stören. Es war sein Stuhl und sein Platz. Es war anscheinend kein optimaler Zeitpunkt und keine ideale Art, den Stuhl an den kleinen Bruder zu übergeben. Besser wäre gewesen, der Bruder hätte einen eigenen bekommen oder die Eltern hätten Manuel auf den großen Stuhl gesetzt, lange bevor sein Bruder „seinen" Hochstuhl erhalten hat.

→ Auch das Schimpfen wird als eine Art Belohnung empfunden. Manuel denkt: „Es ist immer noch besser, wenn die Eltern mit mir schimpfen, als wenn sie gar keine Zeit für mich haben, weil sie den kleinen Bruder füttern." Die Eltern „füttern" also das Problem.

Solche Situationen gibt es in Familien oft. Als Elternteil ist es häufig sinnvoll, solche spannenden und oft anstrengenden Verhaltensweisen genau zu beobachten. Oft wird die Situation klarer, wenn man dies in schriftlicher Form macht. Die Eltern erhalten einen Überblick und können nach einiger Zeit Zusammenhänge erkennen, die ihnen vorher verborgen geblieben sind. Dies hilft, ein passendes Verhalten beim Kind oder bei sich selbst zu fördern.

4.3. Erziehung durch Beziehung

Bis zur Pubertät lernen Kinder, abgesehen von ihrem Interesse an Situationen und Dingen, in erster Linie durch gelebte Beziehungen.

Kinder lernen über und wegen der Beziehung, die sie zu ihren Eltern und Bezugspersonen aufgebaut haben. Deshalb ist auch die Bindung zwischen Eltern und Kindern so wichtig.

Wie können Eltern eine gute Beziehung zu ihrem Kind aufbauen?
Eltern können viel für eine gute Beziehung zu ihrem Kind tun. Neben den vielen Möglichkeiten, die in dem Modell einer entwicklungsfördernden

Erziehung in Kapitel 1 schon besprochen wurden, gibt es ein paar ganz wichtige Dinge, die Eltern auf jeden Fall tun sollten:

Sie sollten

- dem Kind ihre Zuneigung zeigen,
- sich Zeit für ihr Kind nehmen,
- mit ihrem Kind sprechen; dies bedeutet je nach Alter des Kindes etwas ganz anderes: Mit ein bis zwei Jahren geht es wirklich nur darum, sprechen zu lernen, später geht es dann um das Sprechen über Probleme, Gefühle, Themen.

4.3.1. Dem Kind Zuneigung zeigen

Die meisten Eltern lieben ihr Kind und nehmen an, dass ihr Kind das weiß. Nicht immer aber erreichen die Gefühle der Eltern ihr Kind. Es gibt sogar Kinder, die das Verhalten ihrer Eltern so einstufen, als würden ihre Eltern sie gar nicht mögen.

Eltern müssen ihre **Liebe zum Kind nicht nur selbst spüren. Sie müssen sie zum Ausdruck bringen**. Die Zuneigung der Eltern muss **beim Kind ankommen**. Dazu muss man dem Kind **sagen**, dass man es lieb hat, oder immer wieder etwas **tun**, was dem Kind das Gefühl gibt, geliebt zu werden.

In einer liebevollen Erziehung geht es vor allem darum, dem Kind seine Zuneigung **so zu zeigen, dass das Kind sich geliebt fühlt**.

Dem Kind Zuneigung zeigen bedeutet, eine Sprache zu wählen, die das Kind verstehen kann. Es bedeutet auch, die Sprache zu wählen, die beim Kind das **Gefühl auslöst**: „Ich werde geliebt."

- Jedes Kind ist anders. Daher wird auch das Gefühl, geliebt zu werden, durch unterschiedliche Handlungen der Eltern ausgelöst.
- Manche Kinder mögen es, wenn man mit ihnen kuschelt. Sie brauchen Körperkontakt, um sich geliebt zu fühlen.
- Andere Kinder mögen es, wenn man ihnen sagt, dass man sie gern hat, zum Beispiel: „Weißt du eigentlich, wie lieb ich dich hab? So lieb!"
- Wieder andere Kinder fühlen sich geliebt, wenn man ihnen ein Geschenk oder eine Überraschung mitbringt.

Die Möglichkeiten sind schier unerschöpflich und jede Familie wird ihre Möglichkeiten finden, die Zuneigung zu ihren Kindern auszudrücken.

Zuneigung zeigen erfordert eine positive Grundhaltung

Wie auch immer man seine Liebe zum Ausdruck bringt, mit welchen Worten, Gesten und Blicken das Kind in seinem Selbstwert gestärkt wird, **auf die Grundhaltung kommt es an.**
Eine Grundhaltung, die das Kind in seinem Sein akzeptiert, wie es ist, die es in seiner Würde achtet und respektiert und die ihm Zeit gibt, sich zu entwickeln, ermöglicht es Eltern, eine liebevolle Beziehung zu ihrem Kind aufzubauen und zu erhalten.

Es ist leichter, einem Kind seine Zuneigung zu zeigen, wenn man **auf das Gute im Kind achtet** und nicht auf seine Schwächen.
„Probleme" und „Schwächen" sind immer eine Frage der Perspektive und Rückmeldungen an die Eltern, etwas zu verändern, damit es dem Kind besser geht oder damit es ihm gelingt, etwas Neues zu lernen.

Wo beginnt das Zeigen von Zuneigung?

→ Dem Kind seine **Zuneigung** zu **zeigen, beginnt damit**, dass man **das Kind und seine Bedürfnisse wahrnimmt**. Je einfühlsamer man mit dem Kind umgeht, desto eher versteht man, was es braucht. Je besser Eltern die Bedürfnisse des Kindes erkennen können, desto besser können sie auf das Kind eingehen und desto positiver kann sich die Beziehung zwischen Eltern und Kind entwickeln.

→ Das Zeigen von Zuneigung beginnt daher im Wesentlichen schon bei der **Fähigkeit, sich selbst zu mögen**. Eltern, die sich als Person bejahen können, gelingt es leichter, ihr Kind mit seinen Bedürfnissen wahrzunehmen und sich selbst zurückzunehmen. Eltern, die selbst emotional bedürftig sind, haben es oft schwerer. Sie bräuchten selbst jemanden, der ihr Bedürfnis nach Liebe und Anerkennung stillt.

Wie lässt sich das praktisch umsetzen?

→ Ganz praktisch umsetzen lässt sich Zuneigung in den kleinen Momenten, in denen man mit dem Kind spricht. Wann immer es möglich ist, sollte man dabei auf **Augenhöhe mit dem Kind** gehen.

- Dem Kind Zuneigung zu schenken, heißt, es **wahrzunehmen.** Das Kind wahrzunehmen, heißt, es sehen zu können. Dazu muss man es **ansehen** können. Um dies zu erreichen, kann man entweder auf seine Höhe hinuntergehen oder es hochheben – je nach Alter des Kindes.
- Dem Kind aus einem anderen Raum etwas zuzurufen, lässt das „Auf-Augenhöhe-Gehen" nicht zu. Die Eltern müssen **zu ihm gehen**, es vielleicht **kurz berühren, damit es ihnen zuhören kann.**

4.3.2. Sich Zeit nehmen für das Kind

Man stelle sich die folgenden beiden Szenen vor:

Szene 1: Eine Familie erwartet Besuch. Die Kinder sind noch klein und gehen normalerweise um 20 Uhr ins Bett. Der Besuch, ein befreundetes Ehepaar, kommt um 19.30 Uhr und die Kinder sind schon ganz gespannt und freuen sich darauf.
Endlich läutet es an der Tür und die beiden sind da. Die Kinder laufen zur Tür und machen auf. Das Ehepaar kommt herein und begrüßt die Eltern. Dann folgt ein kleiner Kommentar: „Seid ihr immer noch auf? Müsst ihr nicht ins Bett?" Witzig gemeint, schlecht getroffen.
Die Eltern fordern ihre Kinder dann streng auf, jetzt ins Bett zu gehen. Es gibt Tränen bei den Kindern und schlechte Laune bei den Eltern. Schlechte Planung? Die falschen Worte?

Szene 2:
Die Lösung findet sich vielleicht in dieser zweiten Szene:
Eine andere Familie – auch sie erwartet Besuch. Auch hier sind die Kinder noch klein und müssen normalerweise um 20 Uhr schlafen gehen. Der Besuch läutet um 19.30 Uhr und die Kinder öffnen die Tür. Das Ehepaar begrüßt die Familie und wendet sich dann den Kindern zu: „Wie schön, euch zu sehen! Das ist aber nett von euch, dass ihr auf uns gewartet habt!"
Das Ehepaar geht gemeinsam mit Eltern und Kindern ins Wohnzimmer und beschäftigt sich zunächst mit den Kindern. Sie stellen Fragen und hören interessiert zu. Die Kinder haben das Gefühl, willkommen zu sein, und nach ungefähr einer halben Stunde begleitet der Vater die Kinder ins Bett. Die Kinder sagen „Gute Nacht" und haben nichts verpasst. Sie gehen schlafen und die gesamte Familie ist entspannt. Der Besuch verlässt Stunden später die Familie und sagt: „Habt ihr nette Kinder! So freundlich!"

Der Unterschied ist offensichtlich. Es geht zwar „nur“ um eine halbe Stunde, aber im zweiten Beispiel hat man sich für die Kinder Zeit genommen. Man hat sie wertgeschätzt und sie hatten das Gefühl, wichtig zu sein. Das zeigt nicht nur bei den Kindern, sondern bei der gesamten Familie samt Besuch Wirkung.

Sich Zeit zu nehmen für Kinder, muss nicht bedeuten, ständig präsent zu sein. Es bedeutet vor allem, wertvolle Zeit mit dem Kind zu verbringen. Das bedeutet, dann Zeit zu haben, wenn es für das Kind wichtig ist, zum Beispiel Zeit, sich sein neues Bild anzusehen, oder Zeit, ihm eine Frage zu beantworten. Störendes Verhalten entsteht meist dann, wenn Kindern das Gefühl vermittelt wird, sie seien lästig oder kämen ungelegen.

Wie viel gemeinsam verbrachte Zeit ist notwendig?
Je kleiner das Kind ist, desto mehr Zeit braucht es im intensiven Kontakt mit den engsten Bezugspersonen.
Bei Babys und Kleinkindern ist Zeit ein ganz wesentlicher Faktor, um innere Sicherheit und einen gesunden Selbstwert aufzubauen. Zeit und Qualität sind nicht wirklich voneinander zu trennen. **Babys und Kleinkinder brauchen das Gefühl, dass ihre Mutter tatsächlich, das heißt physisch und psychisch, anwesend ist.**

Natürlich können sich Eltern abwechseln und weitere Bezugspersonen wie die Großeltern oder eine fix engagierte Betreuungsperson einbinden. Diese können ebenso Zeit mit dem Kind verbringen, damit Mutter und Vater entlastet werden und andere Dinge tun können.

Eltern müssen selbst entscheiden, wie viel Zeit sie mit ihren Kindern verbringen möchten. Diese Entscheidung richtet sich realistischerweise nach finanziellen Gegebenheiten, eigenen Wünschen, Bedürfnissen und Zukunftsperspektiven.
Man ist keine „bessere“ Mutter, weil man sich rund um die Uhr über Jahre für das Kind aufopfert. **Man ist Mutter oder Vater und lebt dem Kind vor, was im Leben welchen Stellenwert hat.** Ein Kind darf erfahren, dass Eltern auch berufstätig sein müssen, um sich ihren Lebensunterhalt zu verdienen.

Es ist schön für Kinder, wenn sie erleben können, dass es eine Zeit in ihrem Leben gibt, in der sie oberste Priorität bei ihren Eltern haben und in der sich jemand kontinuierlich liebevoll und einfühlsam um sie kümmert.

Kleine Kinder bis zum dritten Lebensjahr brauchen ständige Betreuung und intensiven Kontakt.
In etwa mit dem Kindergarteneintritt beschäftigen sich Kinder zunehmend auch selbständig. Sie spielen mit anderen Kindern und lernen, sich in eine Gruppe einzufügen. Die allein mit den Eltern verbrachten Zeiträume werden weniger.
Im Schulalter nimmt die mit den Eltern verbrachte Zeit weiter ab und in der Pubertät bedeutet „sich Zeit nehmen für das Kind“ in erster Linie Qualität nicht Quantität.

Wie man mit seinen Kindern Zeit verbringt, ist sehr unterschiedlich. Beispiele für gemeinsame Unternehmungen sind sportliche Aktivitäten, Ausflüge, Spiele, Gespräche, gemeinsames Musizieren. Dabei sind die Aktivitäten natürlich immer dem Alter des Kindes anzupassen.
Die Unternehmungen richten sich dabei oft nach den Jahreszeiten und den Interessen und Wertvorstellungen einer jeden Familie.

4.3.3. Mit dem Kind sprechen

Die Sprache ist für Kinder das Tor zur Welt. Kinder, die sich gut ausdrücken können, haben es leichter im Leben. Sie können ihre Gefühle besser äußern, sie können sich leichter abgrenzen, indem sie sagen: „Nein, das mache ich nicht!“ Sie können jemanden nach dem Weg fragen oder jemandem etwas erzählen. Sie tun sich leichter in der Schule, verstehen Aufgaben und Zusammenhänge besser. Sich sprachlich gut ausdrücken zu können, erleichtert die Kommunikation und die Beziehungen zu anderen Menschen. Langfristig hat das Auswirkungen auf das gesamte Leben.

Eltern, die viel mit ihrem Kind sprechen, tun ihrem Kind daher sehr viel Gutes.

- Schon bei ganz kleinen Kindern heißt dies, laufend zu erzählen, was gerade passiert.
- Viel zu sprechen, heißt auch, dem Kind Fragen zu stellen, so dass es selbst gefordert ist, nachzudenken und zu antworten.
- Sprechen bedeutet nach der Meinung des Gegenübers zu fragen und zu begründen, warum man etwas mag oder nicht.
- Mit dem Kind zu sprechen, bedeutet auch, dem Kind zuzuhören und es ausreden zu lassen.

Eltern fördern ihr Kind zudem sehr, wenn sie ihm täglich Geschichten vorlesen oder erzählen. Vielen Kindern macht es auch Spaß, über die Geschichte zu sprechen und Fragen dazu zu beantworten.

Über das „Miteinander-Sprechen" erweitert das Kind nicht nur seinen Wortschatz, es lernt auch soziale Regeln.
Sprache hat viel mit Beziehung zu tun. Mit dem Kind zu sprechen, heißt, sich ihm zu widmen, Zeit mit ihm zu verbringen. Kinder lernen, wie man mit anderen Menschen umgeht, wie man grüßt, wie man um etwas bittet oder wie man etwas begründet, was einem wichtig ist.

4.4. Das Kind loben

„Ein Lob, das ehrlich gemeint ist, spontan oder gezielt von einer geliebten oder doch zumindest geschätzten Person gegeben wird, ist das beste, das sicherste und das am schnellsten wirkende Erziehungsmittel. Ein Lob ist wie ein Kompliment: Es macht glücklich, bestärkt, wirkt positiv auf das Selbstwertgefühl und kostet dabei den Absender nichts." A. Bartl

Wer soll loben?

Das Lob sollte von einer Person kommen, die das Kind gern hat, die dem Kind wichtig ist. Wenn das Lob von der gar nicht geschätzten

Mathematikprofessorin kommt, dann wird es eher als peinlich empfunden. Lob muss auch von Personen kommen, die das Kind als kompetent einstuft. Wenn das Kind die Person nicht als Autorität akzeptiert, dann bewirkt es eher Verwunderung als Stolz.

Wann kann man loben?

Loben kann man immer dann, wenn ein neues Verhalten gelernt werden soll. Ob es sich dabei ums Zähneputzen, das Erledigen von Hausübungen oder andere Dinge des alltäglichen Lebens dreht, ist im Prinzip egal. Auf jeden Fall müssen Lob und Belohnung der Tat und Situation angemessen sein, sie sollten außerdem sehr individuell gegeben werden. **Wenn man versucht, alle seine Kinder gleich zu behandeln, dann ist man fast immer ungerecht, weil Kinder einfach unterschiedlich sind.**

Zutrauen fördern

Das Kind sollte nur so lange gelobt werden, bis es eine Leistung oder eine Fähigkeit beherrscht. So freut es sich darüber und wird versuchen, seine Bemühungen noch zu verstärken oder seine Leistungen zu steigern. Wird das Kind aber laufend für die gleiche Leistung gelobt, bekommt es das Gefühl, dass ihm seine Eltern diese Leistung (immer) noch nicht zutrauen. Es ist besser, zu warten, bis das Kind den nächsten kleinen Schritt schafft. Dann kann wieder gelobt werden.

Konkrete Aufmerksamkeit

Für die Entwicklung des Kindes ist die ungeteilte Aufmerksamkeit der Eltern sehr wichtig. **Aufmerksamkeit muss aufrichtig und ehrlich sein.** Ein kurzer Blick auf das neu gemalte Bild zum Beispiel reicht meist nicht aus. Besser wäre es, wenn der Vater oder die Mutter konkret sagen würden, was sie gut finden, zum Beispiel: „Das Flugzeug ist dir besonders gut gelungen."

Loben darf man ruhig laut und öffentlich. Tadeln sollte man sein Kind hingegen leise und wenn möglich nicht in Gegenwart von anderen Personen.

4.5. Gezielte Aufmerksamkeit

Das Kind sollte immer dann Aufmerksamkeit bekommen, wenn es sich gut verhält. Wenn es freundlich ist, wenn es teilt, dann sollte man sich besonders mit ihm beschäftigen. So kann es lernen, dass sein Verhalten angenehm für die anderen ist, und es wird dieses Verhalten wiederholen.

Gezielte Aufmerksamkeit kann zum Beispiel sein:

- Interessierte Fragen an das Kind: „Wie hast du denn das so schön hingekriegt?"
- Interessierte Beobachtungen: „Mir ist aufgefallen, dass du sehr ordentlich bist."
- Wertschätzende Kommentare: „Es ist sehr angenehm mit einem Kind wie dir seine Zeit zu verbringen, denn du bist sehr hilfsbereit."
- Aktives Zuhören: „Das klingt aber erfreulich, was deine Lehrerin gesagt hat."
- Eine Unternehmung mit dem Kind, die es sich gewünscht hat: „Du wolltest doch so gerne schwimmen gehen. Hast du Lust, heute ins Schwimmbad zu gehen?"
- Fürsorge, die sich im Detail ausdrückt: „Ich habe dir heute deine Lieblingsjause eingepackt."

Wesentlich ist, dass die Aufmerksamkeit beim Kind ist, wenn die Eltern mit ihm Zeit verbringen. Im Vordergrund steht das Interesse für seine Gedanken und Gefühle und für das, was es mitteilen möchte.

4.6. Interessante Beschäftigungen

Durch interessante Beschäftigungen kann das Verhalten des Kindes optimal gefördert werden. Dazu zählen alle Spielmöglichkeiten für drinnen wie draußen, die dem Kind Spaß machen.

- **Beschäftigungen der visu-motorischen Koordination:**
  Schreiben, malen, hüpfen, den Ball fangen, springen, im Freien spielen, Springseil hüpfen, beim Kochen helfen und zum Beispiel Laibchen machen oder Kekse ausstechen, Parmesan reiben oder Orangen auspressen.

- **Beschäftigungen im visu-motorischen Bereich:**
  Hier wird die Grob- und Feinmotorik trainiert.
  Feinmotorische Übungen sind: Malen, Ausschneiden, Stempeln, Fädeln, kleben, mit Bausteinen spielen.
  Besonders wichtig im grobmotorischen Bereich sind Freispiele wie Fangen und Klettern.

- **Beschäftigungen im kreativen Bereich:**
  Phantasiespiele mit Papier und Karton, Lego, Steckspiele, Bügelperlen, Mikado, aber auch Hausarbeiten wie den Tisch decken und das eigene Zimmer gestalten.

- **Beschäftigungen zur Wahrnehmungskonstanz:**
  Größen und Formen kennen und einordnen, Farben und Zwei- wie Dreidimensionales unterscheiden, zum Beispiel: ausschneiden und aufkleben, etwas sortieren (alle großen Teile dahin, alle kleinen Teile dorthin).

- **Beschäftigungen, die die Wahrnehmung der Raumlage trainieren:**
  Verstecken und suchen, indem Angaben gegeben werden wie „unter dir, über dir, links oder rechts von dir", ein Hindernislauf, Perlen auffädeln.

Besonders wichtig ist die **Förderung der Wahrnehmung**, weil sie die **Voraussetzung für die Schulfähigkeit** ist. In den ersten **fünf bis sieben Lebensjahren lernen Kinder so viel wie nie mehr in ihrem Leben.** Wahrnehmungsdefizite fallen oft erst in der Schule auf und werden nicht immer als solche erkannt. Daher ist es von Seiten der Eltern besonders wichtig, dass sie ihren Kindern ausreichend Gelegenheit geben, die genannten Fähigkeiten zu trainieren. Dies erfolgt normalerweise im Spiel.

In der ersten Klasse sind diese Prozesse meist entwickelt, aber nicht immer vollständig.

Lesen, Schreiben und Rechnen sind Anforderungen, die nicht alle Kinder gleich gut bewältigen. Daher sollte man die Wahrnehmung im Schulalter weiterhin fördern und Kinder keinesfalls entmutigen, wenn sie noch nicht allen Anforderungen gerecht werden können.

Die meisten Kinder spielen in den ersten Lebensjahren Spiele ohnehin nur so lange, bis sie nicht mehr interessant sind. Das ist eine gute und normale Entwicklung. Kinder spüren oft selbst sehr genau, was sie brauchen und was sie gerade lernen können und wollen.

4.7. Lernen an Vorbildern

Wo und wie erlernen Kinder ihr Verhalten?

Kinder lernen ihr Verhalten anfangs in der eigenen Familie. **Das elterliche Vorbild** ist dabei immens wichtig. **Mama und Papa prägen viele Gedanken und Gefühle der Kinder, jedoch nicht alle.**

Auch wenn der Einfluss der Eltern groß ist, so spielen **andere Menschen**, wie die Erzieherin im Kindergarten, der Nachbarsbub, mit dem das Kind jeden Tag im Sandkasten spielt, und viele andere **eine große, bedeutende Rolle**.
Später werden die Freunde immer wichtiger, die Lehrer und die Eltern der Schulfreunde.
In dem Moment, in dem das Kind andere Personen kennenlernt, lernt es auch andere Familien und deren Verhaltensweisen kennen. Es überprüft dadurch die daheim gelernten Wertvorstellungen und versucht für sich herauszufinden, was für es selbst richtig und „wahr" ist.

Üben von Sozialverhalten

Am leichtesten ist es, sein soziales Verhalten in der Familie zu erlernen und zu üben. Eltern, Geschwister und andere Verwandte geben dem Kind einen guten Rahmen dafür. Später erweitert sich dieses Feld um den **Kindergarte**n, die Schule, Vereine oder andere Gruppen.
An all diesen Orten sind die Bezugspersonen Vorbilder:

- Sie leben vor, wie man hilfsbereit handelt.
- Sie greifen ein, wenn ein Stärkerer einen Schwächeren provoziert.
- Sie zeigen die Regeln und sorgen für deren Einhaltung.

Was Kindern dabei enorm hilft, ist eine klare Linie, die die Eltern unabhängig von Modeerscheinungen vertreten. **Familienrituale und Werte geben dem Kind Orientierung.**

Wie können Eltern positive Verhaltensweisen unterstützen?

Eltern können auf ihre Kinder eingehen, indem sie fragen, was ihnen wichtig ist und wie sie die Dinge sehen. Kinder, mit denen das Gespräch gesucht wird, lernen, ihre Standpunkte mitzuteilen und mit den Eltern über Wünsche und Gefühle zu sprechen. Das fördert einerseits die Beziehung, andererseits können Probleme vermieden werden.

Eltern können ihrem Kind Halt geben, in dem sie verlässliche Strukturen vorgeben. Der fixe Platz am Esstisch, regelmäßige Mahlzeiten, gleichbleibende Rituale vermitteln Geborgenheit und Sicherheit.
Je jünger die Kinder sind, desto wichtiger ist es, dass sie regelmäßige und gleichbleibende Abläufe erleben. Kleinkinder mögen zum Beispiel immer wieder das gleiche Lied oder dieselbe Geschichte vor dem Einschlafen.

Kinder brauchen Ruhepausen

Selbst wenn das Kind kein Mittagsschläfchen mehr macht, kann ein ruhiges Ritual guttun. Sich selbst beim Malen oder ruhigen Spiel eine Pause zu gönnen, vielleicht auch zu rasten und eine CD zu hören, sind Möglichkeiten.

Kinder brauchen Konsequenz

Wann immer sich ein Kind nicht an Abmachungen oder Regeln hält, sollte es von seinen Eltern lernen, dass dies Konsequenzen hat.
Konsequenzen sind keine Strafe! Konsequent sein bedeutet zum Beispiel, den Fernseher nach Ende der Sendung abzudrehen, wenn das Kind selbst es nicht wie vereinbart macht.
Dabei ist es wichtig, dem Kind ruhig zu erklären, was jetzt passiert: „Du hast nicht wie vereinbart nach Ende des Films ausgeschaltet; jetzt mache ich das."

Das Kind soll wissen, dass seine Eltern die Rahmenbedingungen einhalten, die vereinbart wurden. Das gibt ihm Sicherheit. Gleichzeitig sind die Eltern Vorbild für ein verlässliches, vorhersagbares Verhalten. Sie tun das, was sie gesagt haben.

Was sollten Eltern vorleben?

Eltern sind nicht perfekt. Sie haben genauso wie Kinder ihre Schwächen, Vorlieben und Marotten. Trotz allem leben sie in allem, was sie tun, das vor, was ihr Kind als „normal" erlebt. Eltern müssen sich die folgenden Fragen also selbst beantworten: „Was wollen wir vorleben? Was soll unser Kind von uns sehen bzw. lernen?"

Eltern sind hier wieder einmal gefordert, das eigene Verhalten einer Prüfung zu unterziehen. **Wer pünktliche Kinder möchte, muss selbst pünktlich sein.**

4.8. Lernen so nebenbei

Eine Familie sitzt beim Essen und der Kleinste fragt ganz interessiert: „Wieso kann man eigentlich etwas hören, wenn man telefoniert?"
Eine andere Familie spaziert mit ihren Koffern Richtung Check-in am Flughafen und ihr Kind fragt: „Wieso fliegt das Flugzeug?"
Beim Frühstück versucht ein Kind, den Verschluss der Milchpackung zu öffnen.
Bevor es in den Kindergarten geht, probiert ein Kind, bei seiner Jacke die Knöpfe selbst zuzumachen.

Das alles sind **Situationen**, in denen Kinder **so nebenbei etwas lernen** wollen oder können. Diese Möglichkeiten können genutzt werden oder vorüberziehen. Die Eltern haben maßgeblich Einfluss darauf, ob Kinder Lernen mit Spaß verbinden; sie können es als etwas ganz Natürliches einfließen lassen oder auch nicht.

Ein Kind kann **immer dann etwas lernen**, wenn es **interessiert ist, Fragen stellt** oder ganz einfach nur **vor einem Problem steht und Hilfe braucht**.

Eltern können versuchen, ihr Kind mit Fragen selbst auf die Lösung zu bringen: „Was meinst du, wieso das Flugzeug fliegt? Wo könnten wir denn nachsehen, wenn wir es nicht wissen?"

„Lernen so nebenbei“ bedeutet keinesfalls, dass Eltern immer alle Antworten parat haben müssen. Es kann auch heißen, dem Kind zu **helfen, die Lösung zu finden**. Die kann in einem schlauen Buch genauso gefunden werden wie im Internet oder beim Opa, der sich auf diesem Gebiet gut auskennt.

Zu erfahren, dass man sich **informieren** kann, bedeutet Lernen für Kinder. **„Lernen so nebenbei“ kann überall stattfinden** – beim Spazierengehen wie beim Mittagessen, beim Spielen und beim Vorlesen eines Buches.

Am spannendsten ist es, wenn Eltern selbst viele Fragen stellen und das Kind die Lösungen findet. Dadurch zeigen sie Interesse am Kind und trauen ihm etwas zu. Die Antwort kann man immer noch geben, wenn man sie weiß.

Beispiele, wo Kinder so nebenbei lernen können, sind:

- Ein Kind fragt: „Warum fliegt ein Flugzeug?“ Der Vater stellt Fragen und gibt Antworten entsprechend dem Alter des Kindes.
- Ein Kind spricht ein Wort falsch aus – „Pitzpatz“ statt Spielplatz – und die Eltern wiederholen es noch einmal richtig.
- Ein Kind zeigt der Mutter sein neuestes Bild und sie spricht darüber mit ihm.
- Ein Kind kann noch nicht alleine eine CD einlegen und die Mutter zeigt es ihm.

4.9. Die „Und-dann-Methode“

Mit der „Und-dann-Methode“ lernt ein Kind **spielerisch neue Fähigkeiten**. Dazu muss eine **für das Kind große Aufgabe** in **viele kleine Schritte zerlegt** werden.

Schritt für Schritt wird gelernt, wie diese Teilschritte zu bewältigen sind. Es wird gefragt, gesagt und getan.

Beispiele dafür sind:

- sich die Zähne putzen,
- sich alleine anziehen,
- sich die Haare waschen,

- die Toilette benutzen,
- das Zimmer aufräumen,
- die Schultasche einpacken,
- den Tisch decken oder abräumen.

Konkret könnte das so aussehen:
„Was machst du als Erstes, wenn du dein Zimmer aufräumst?"
„Als Erstes hebe ich alles vom Boden auf und lege es auf den Tisch."
„Sehr gut! Und dann?"
„Dann werfe ich die Sachen, die ich nicht mehr brauche, in den Müll!"
„Genau, gut gemacht! Und dann?"
„Dann gebe ich die Bücher ins Bücherregal."
„Richtig, sehr genau! Und dann?"
„Dann räume ich meine Puppen in die Puppenecke."
„Sehr ordentlich! Und dann?"
„Dann gebe ich die Legosteine in die Legokiste."
„Genau! Und dann?"
„Dann räume ich meine Stifte in die Malschublade!"
„Sehr gut! Und dann?"
„Dann bin ich fertig und kann rausgehen!"
„Toll, wenn du das alles erledigt hast, hast du dein Zimmer sehr ordentlich aufgeräumt!"

Wichtig dabei ist, dass das Kind die „richtigen" Schritte **selber finden** darf. So ist es viel motivierter, seine Aufgabe gut zu machen. Es kann das schon! Wenn es einen Schritt nicht oder noch nicht weiß, ergänzen die Eltern diesen einfach selbst.

Jeder **richtige Schritt** sollte von den Eltern **mit Lob begleitet** werden. Das macht man so lange, **bis das Kind** irgendwann **die gesamte Handlung allein beherrscht**. Je nach Alter des Kindes kann dies Wochen oder Monate dauern. Irgendwann verinnerlicht das Kind den komplexen Ablauf und macht es allein. Die Eltern brauchen nur eines – Geduld!

4.10. Die „Punktekarte“

Manchmal gibt es Situationen, in denen es besonders viel Motivation braucht, um ein neues Verhalten zu lernen, etwas zu ändern oder bis zum Ende durchzuführen. In solchen Situationen kann der Einsatz einer Punktekarte hilfreich sein.

Die Punktekarte lehnt sich lernpsychologisch an **das Konzept der positiven Verstärkung** an. Auf einer Karte, die man selbst anfertigt, werden Felder eingezeichnet. Diese Felder können immer dann, wenn das Kind ein gewünschtes Verhalten zeigt, angemalt oder mit einem schönen Sticker versehen werden. Für mehrere angemalte oder beklebte Felder gibt es dann eine besondere Belohnung. Man kann zum Beispiel die ersten drei Felder gegen ein Eis eintauschen. Dies nennt man auch Eintauschverstärker.

Was auf keinen Fall passieren darf: Es dürfen keine Punkte weggenommen werden! Die Punktekarte muss immer motivierend bleiben.

Wichtig ist daher, dass das **Ziel** für die Karte vorab **genau besprochen** wird, beispielsweise: „Ich mache bis 16 Uhr meine Hausaufgabe.“ Ist dies von Anfang an klar formuliert, weiß das Kind, wofür es einen Sticker bekommt. Wenn es dreimal die Hausübung termingerecht gemacht hat, kann es die drei Sticker auf der Karte gegen ein Eis eintauschen.

Welche Belohnungen eingezeichnet werden, richtet sich danach, was für das Kind besonders motivierend ist. Die Eltern können gemeinsam mit dem Kind attraktive Belohnungen auswählen. Dabei ist es sinnvoll, eine gute Mischung aus „Zeit-Belohnungen“ und materiellen Belohnungen zu finden. Beispielsweise könnten Belohnungen ein gemeinsamer Radausflug, mit Papa alleine schwimmen zu gehen oder auch ein kleines Buch oder Spielzeugauto sein.

Die **Punktekarte soll nicht dazu führen**, dass das Kind nötige Aufgaben **nur noch wegen der Belohnung** macht – dann wurde sie falsch verstanden oder falsch eingesetzt. Man wendet sie nur an, wenn andere Methoden sich als nicht zielführend erwiesen haben. Die Belohnungen sind ein Anreiz, längere Zeit (mehrere Wochen lang) eine Gewohnheit einzuüben und dadurch zu festigen. Irgendwann ist die Punktekarte dann nicht mehr interessant, weil das Kind die Aufgabe beherrscht.

Vorbereitung der Punktekarte

Die Punktekarte muss im Vorfeld gut mit dem Kind besprochen werden.

- Man gestaltet sie am besten in Form eines – für das Kind – attraktiven Modells. Ein Zug, eine Raupe, ein Fisch, was auch immer das Kind besonders anspricht.
- Das Verhalten des Kindes muss auf der Punktekarte positiv beschrieben werden: zum Beispiel „Ich putze in der Früh selbständig fünf Minuten meine Zähne."
- Die Eltern sollten die Zahl der Punkte festlegen, die es braucht, um sich eine größere Belohnung zu verdienen.
- Immer dann, wenn das Kind es schafft, sollten Eltern das Kind loben: „Das hast du sehr gründlich gemacht, wie du gerade deine Zähne geputzt hast."
- Dann sollte das Kind seinen Sticker erhalten. Nach einigen Stickern darf die Belohnung eingelöst werden.
- Wenn es einmal nicht klappt, sollte man das Kind nicht kritisieren. An diesem Tag bekommt es dann einfach keinen Punkt. Die Eltern sollten jedoch motivierend bleiben und dem Kind Mut machen, es am nächsten Tag wieder zu versuchen: „Heute hast du deine Hausübung nicht wie vereinbart bis um 16 Uhr gemacht. Morgen probierst du es einfach wieder, ich bin sicher, da klappt es dann."

Irgendwann wird das Kind die Belohnungen immer erreichen; das neue Verhalten wurde also gelernt. Jetzt kann man die Punktekarte ausklingen lassen. Man vereinbart mit dem Kind, dass es schwieriger wird, die Punkte zu erreichen, weil es nun schon so gut ist (und gibt zum Beispiel nur noch nach einer Woche vereinbarungsgemäß erledigter Hausübungen einen Punkt). Eine andere Möglichkeit ist, die Punktekarte wegzugeben, weil sie nicht mehr nötig ist. Dementsprechend lobt man das Kind.

5. VERHALTEN ÄNDERN

Vielfach zeigen Kinder Verhaltensweisen, die ihnen und ihrem Umfeld Probleme bereiten. Wie können Eltern ihren Kindern helfen, diese Verhaltensweisen zu verändern?

Eine liebevolle Grundhaltung ist sicher eine gute Basis dafür, sich seinem Kind gegenüber so zu verhalten, dass es neue Verhaltensweisen erlernen kann. Trotz allem stoßen Eltern manchmal an ihre Grenzen und wissen nicht mehr, wie sie mit neuen Situationen umgehen können. Sie wünschen sich Hilfestellung und Unterstützung durch konkrete Maßnahmen für diese speziellen Situationen. Sie möchten durch ihr eigenes Verhalten bewirken, dass es dem Kind gelingt, unerwünschtes Verhalten abzulegen und adäquates Verhalten aufzubauen.

5.1. Was ist ein Problemverhalten?

Ein Problemverhalten ist ein Verhalten, das dem Kind selbst oder seinem Umfeld Probleme bereitet. Oft trifft beides zu. Wenn das Problemverhalten nicht nur in einer Umgebung auftritt, sondern in mehreren Kontexten, dann hat es sich schon sehr verfestigt und es ist folglich schwieriger, das Problemverhalten zu ändern.

Ideal ist es daher, Problemverhalten frühzeitig zu erkennen und rechtzeitig Handlungen zu setzen, die dafür sorgen, dass es nicht weiter verstärkt wird.

Beim Problemverhalten kann man zwischen **schwerem** und **leichtem Problemverhalten** unterscheiden.

Schweres Problemverhalten äußert sich zum Beispiel **in aggressivem Verhalten anderen Kindern gegenüber.** Ein anderes Kind zu schlagen, würde also darunterfallen.

Zum **leichten Problemverhalten** zählt man das **Verwenden von Schimpfwörtern, Grimassen zu schneiden, die Zunge zu zeigen, mit alberner Stimme zu sprechen, Jammern, Nörgeln etc.**

Ein leichtes Problemverhalten kann sich auch zu einem schweren Problemverhalten entwickeln, wenn es zu lang anhält oder massiver wird. Ein Kind, das bereits seit Monaten Schimpfwörter verwendet, zeigt schon kein leichtes Problemverhalten mehr.

Problemverhalten ist noch keine Störung des Sozialverhaltens

Ein Problemverhalten ist noch lange keine Störung! Im Alltag werden diese beiden Begriffe häufig verwechselt.
Ein Problemverhalten bezieht sich auf etwas, was ein Kind sagt oder tut. Wenn es **Schimpfwörter** verwendet oder **ein anderes Kind schlägt**, dann sind das Beispiele für **problematische Verhaltensweisen**. Mit dem Verständnis für die Ursachen und einiger Konsequenz kann man dieses Verhalten wieder ändern.

Eine **Störung des Sozialverhaltens wird definiert als das Auftreten von mindestens drei sehr problematischen Verhaltensweisen, die über einen Zeitraum von mindestens sechs Monaten immer wieder vorkommen. Lügen, Stehlen, Herumstreunen, Weglaufen, Brandstiften, Tierquälerei etc.** wären mögliche Verhaltensweisen, die hier hineinfallen. Lügt und stiehlt ein Kind beispielsweise ständig und streunt den Großteil des Tages herum und das über mindestens sechs Monate, dann ist sein Sozialverhalten gestört. Es handelt sich nämlich nicht mehr um eine einzelne problematische Verhaltensweise.

5.2. Wie kann Problemverhalten verändert werden?

Es gibt viele Möglichkeiten, Problemverhalten zu verändern. Abgesehen von psychotherapeutischen und lernpsychologischen Methoden können Eltern in der Familie selbst sehr viel bewirken.

Sie können Verhalten beeinflussen durch:

- Strukturen in der eigenen Familie,
- die eigene Vorbildwirkung (Modell-Lernen),
- Sprache (durch die Art und Weise, mit ihrem Kind zu sprechen, wenn es Problemverhalten zeigt),
- Zuwendung,
- Setzen von Konsequenzen.

5.2.1. Verhalten durch Strukturen ändern

Eltern, die das Verhalten ihres Kindes positiv beeinflussen möchten, sollten zunächst die eigenen Familienwerte und -regeln hinterfragen.

Werte

- Was ist uns als Familie wichtig?
- Was macht uns glücklich?
- Was sind unsere Prioritäten?

Einer Familie kann Ordnung sehr wichtig sein, einer anderen Pünktlichkeit. Wieder andere Familien *legen Wert auf* Freundlichkeit und Einfühlungsvermögen.
Je nachdem, welche Werte den Eltern wichtig sind, werden sie bestimmte Regeln in der Familie einfordern, zum Beispiel „Bitte sei pünktlich!" „Komm nicht zu spät!"

Was Familien bzw. Eltern wichtig ist, ist häufig unbewusst. Nicht immer ist allen Familienmitgliedern klar, dass sie bestimmte Werte von ihren eigenen Eltern übernommen haben und diese möglicherweise nicht mehr viel mit ihren wirklichen Bedürfnissen zu tun haben. Daher ist es hilfreich, zunächst **zu überprüfen: Ist uns das wirklich wichtig?**

Regeln

In den Familienregeln drücken sich die Wertvorstellungen der Familie aus. Meist geben die Eltern die Regeln vor, weil sie die Verantwortung für ihre Kinder und mehr Erfahrung haben. Beispielsweise gibt es eine Regel dafür, wie lange ein Kind vor dem Fernseher sitzen darf oder wann es schlafen gehen soll.
In den meisten Situationen können Eltern besser abschätzen, was ihr Kind in der jeweiligen Entwicklungsstufe braucht, um sich gut zu entwickeln.

Es gibt jedoch Situationen, in denen es sinnvoll ist, wenn Eltern und Kinder miteinander **über die Regeln sprechen**. Das hat den Vorteil, dass Kinder **kooperatives Verhalten lernen**. Sie lernen auch die Sinnhaftigkeit von Regeln zu verstehen. Dadurch ist es für Kinder schlussendlich leichter, sie einzuhalten.

Familienkonferenz zum Thema Regeln

Eine Möglichkeit ist es, eine Art Familienkonferenz einzuberufen und über die eigenen Familienregeln zu diskutieren. Die Regeln werden zuerst besprochen und dann auf bunte Kärtchen geschrieben.

Eine Regel gilt erst dann, wenn die ganze Familie sie sinnvoll findet. Anschließend werden die Regeln auf ein großes Packpapier geklebt und jeder unterschreibt.

Damit das funktioniert, gibt es ein paar Regeln:

- Die Regeln müssen klar sein, das heißt, man muss sie leicht verstehen können: „Wir warten beim Essen bis alle fertig sind."
- Die Regeln müssen verbindlich sein, das heißt, sie gelten für alle Familienmitglieder: „Wir essen und trinken am Tisch."
- Die Regeln müssen durchführbar sein, das heißt, jeder muss sie einhalten können: „Wir essen mit Messer und Gabel."
- Die Regeln müssen gemeinsam ausgesucht und aufgestellt werden.
- Wenig Regeln, dafür wichtige Regeln!

Welche Regeln ausgewählt werden, richtet sich nach der momentanen Situation.
Die Regeln können sich auf verschiedene Situationen oder auf ein konkretes Thema wie „Essen bei Tisch" beziehen.

Im Laufe der Zeit werden sich Regeln verändern und auch damit verbundene Wertvorstellungen. **Regeln bleiben nicht ein Leben lang gleich!** Die Regeln sollen zum jetzigen Zeitpunkt Hilfestellung und Orientierung geben. Sie haben nicht die Funktion, der Familie das Leben schwer und langweilig zu machen.

Regeln geben den Kindern auf einer übergeordneten Ebene Sicherheit.
Sie lernen zu verstehen, in welchen Rahmen ihre Handlungen eingebettet werden können.
Die Regel „lieb sein" kann zum Beispiel immer dann angesprochen werden, wenn das Kleinkind im Begriff ist, einem anderen Kind etwas wegzunehmen, ihm wehzutun, es anzuschreien.
Sie können das Kind an die gemeinsam erarbeitete Regel erinnern, wenn es unerwünschte Verhaltensweisen zeigt.
„Weißt du noch, was wir gesagt haben, wenn du mit anderen Kindern spielen möchtest?" Das Kind wird den Zusammenhang erkennen und antworten: „Lieb sein!"
Jetzt ist es möglich, konkrete Verhaltensweisen einzuüben oder mit dem Kind darüber zu sprechen, was es tun könnte, wenn es beispielsweise den Ball des Kindes ausleihen möchte.

5.2.2. Verhalten durch Modellpersonen ändern

Wieder einmal sind die Eltern und das Umfeld der Familie gefordert. Es geht für sie darum, ihr eigenes Verhalten kritisch zu hinterfragen.

- Welche Verhaltensweisen tragen dazu bei, dass das eigene Kind sein Verhalten nicht ändert?
- Welche Verhaltensweisen haben dazu beigetragen, dass das Kind ein Problemverhalten entwickelt hat?

Es ist nicht immer leicht, sein eigenes Verhalten zu durchschauen.
Einige Beispiele dafür:

- Oft ist es den Eltern selbst nicht bewusst, dass sie zum Beispiel häufig unpünktlich sind. Nicht allen Eltern fällt auf, wenn sie unordentlich oder schlampig sind.
- Wie sieht es zum Beispiel mit den gemeinsamen Mahlzeiten aus? Vielen Eltern fällt nicht auf, dass sie beim Essen ununterbrochen aufstehen – schnell noch etwas wegräumen, ans Telefon gehen, kurz noch etwas holen. Vom Kind erwarten sie jedoch, dass es von Anfang bis Ende des Essens bei Tisch sitzen bleibt.
- Ein beliebtes Thema sind in vielen Familien die Fernsehgewohnheiten. Zappen sich die Eltern selbst von einem Kanal zum anderen? Läuft der Fernseher ununterbrochen, obwohl niemand davorsitzt? Ist Fernsehen

ein Mittel, um „seine Ruhe zu haben“, zu „entspannen“, „abzuschalten“ oder „den Kopf freizubekommen“? Kinder ahmen das nach. Sie orientieren sich an den Gewohnheiten der Erwachsenen.

- Sich mit einem neuen Kleid „belohnen“, wenn man Frust in der Arbeit hat, sich eine Tafel Schokolade „gönnen“, wenn es schon so langweilig ist, das sind ebenfalls Beispiele für Konsumverhalten, die dem Kind vorgelebt werden.
- Der Tonfall, in dem man miteinander spricht, die Worte, die man zueinander sagt, ob man aufeinander wartet oder sich anschnauzt – im Umgang miteinander liegt viel „Vorbildpotential“. Negatives Verhalten wird dabei besonders schnell gelernt und unbewusst kopiert.

Eltern können sich die Frage stellen, was sie an ihrem eigenen Verhalten verändern müssen, wenn sich ihr Kind wirklich ändern soll.

5.2.3. Verhalten durch Sprache ändern

Wie Eltern mit ihren Kindern sprechen, kann ganz wesentlich dazu beitragen, ob sich das Verhalten der Kinder verändern kann. Die **Art und Weise, wie Anweisungen gegeben werden** bzw. wie Kinder an unerledigte Aktivitäten erinnert werden, bewirkt unterschiedliche Reaktionen und dadurch bestimmte Verhaltensweisen bei den Kindern.

5.2.3.1. Konkretes Ansprechen

Es gibt viele Situationen, in denen Kinder nur durch häufige Wiederholung lernen. Sie wissen zwar schon, wie man eine Handlung durchführt, aber erst durch Übung und Nachfragen verinnerlichen sie diese Handlung. Die Eltern haben dann manchmal das Gefühl, die Kinder wollten die Handlung nicht ausführen. Sie ärgern sich oder schimpfen sogar mit den Kindern. Häufig liegt es jedoch daran, dass Teilschritte übersehen wurden, die es dem Kind schwer machen, das Verhalten zu ändern.

Beispiele für solche Situationen sind: Eine Jacke aufhängen, die Schultasche einpacken, Spielsachen wegräumen, die Schuhe in den Schuhschrank stellen.

Ein Beispiel: Schultasche packen:

1. Der **erste Schritt** ist, das Kind **mit Namen anzusprechen** und die **Aufmerksamkeit des Kindes zu gewinnen** und zu **schauen, ob es darauf reagiert**.
„Martina!", könnte es zum Beispiel einleitend heißen. Zu Martina sollte Blickkontakt hergestellt werden und Martina sollte das Gefühl haben,

dass die Mutter oder der Vater sie wirklich ansehen und ihr die volle Aufmerksamkeit geben. Wenn sie bereits aus dem Raum gelaufen ist oder noch nicht im Raum ist, dann muss man sie in die Situation holen, damit es Sinn ergibt, weiterzusprechen.

2. Danach sollten die Eltern ihr ruhig das Problem erklären: *„Es ist jetzt 18 Uhr und wir essen bald zu Abend. Du hast deine Schultasche noch nicht gepackt. Wenn es spät wird, könnte es sein, dass du etwas vergisst."*

3. Jetzt sollten die Eltern eine Frage stellen: *„Was haben wir ausgemacht, was du vor dem Abendessen immer machst?"* So erhält Martina die Gelegenheit, selbst die Lösung zu finden und erinnert sich wahrscheinlich an die vereinbarte Regel. Sie kann antworten: *„Die Schultasche packen!"*

4. *„Ja, bitte pack jetzt deine Schultasche!"*, kann sie nochmals aufgefordert werden.

5. Nachdem Martina die Schultasche gepackt hat, kann man sie dafür loben: *„Sehr schön, dass du deine Schultasche rechtzeitig und ordentlich gepackt hast."*

Ideal ist es, wenn Kinder durch diese Art der Kommunikation ein Erfolgserlebnis haben und das Gefühl bekommen: „Das hab ich gut gemacht!"

Auch für die Eltern ist es zunächst manchmal eine Umstellung, so mit ihrem Kind zu sprechen. In einer Situation, die sich schon häufig auf unangenehme Art und Weise wiederholt hat, die Ruhe zu bewahren, ist nicht leicht. Hier einfühlsam und motivierend mit dem Kind zu sprechen, ist eine Herausforderung für viele Eltern. Wenn es gelingt, können auch Eltern ein Erfolgserlebnis verbuchen und sich ebenfalls sagen: „Das hab ich gut gemacht!"

5.2.3.2. Anweisungen geben

Wenn Eltern ihrem Kind eine Anweisung geben, das heißt wenn sie ihm sagen, was es tun oder lassen soll, können sie dies auf eine Weise tun, die es dem Kind erleichtert, die Anweisung zu befolgen.

Wie in Kapitel 4 schon besprochen, können Eltern eine **Beziehungsebene** herstellen, indem sie **mit dem Kind auf Augenhöhe** gehen.
Sie können Blickkontakt aufnehmen, das Kind hochheben oder sich zu ihm hinunterbeugen.
In dieser Position können sie ihrem Kind **sagen, was es tun soll**.
Zum Beispiel: „Bitte räum dein Zimmer auf!"
Wenn das Kind das altersmäßig schon schafft, ist es eine klare Anweisung. Wenn es noch zu klein ist, sollten die Eltern die Anweisung in kleinere Schritte zerlegen, wie es bereits im letzten Kapitel bei der „Und-dann-Methode" beschrieben wurde.

Bei jeder Anweisung sollten die Eltern gut überlegen, ob die Anweisung so formuliert wurde, dass das Kind überhaupt in der Lage ist, sie zu befolgen.
In Kapitel 3 wurden bereits ungünstige Anweisungen beschrieben. Diese erklären, warum es dem Kind manchmal nicht möglich ist, auf die Anweisung der Eltern adäquat zu reagieren.
Wenn die Anweisung für das Kind passend ist, sollten die Eltern ihm **genug Zeit lassen**, um darauf zu reagieren. **Es hilft manchmal, innerlich bis zehn zu zählen.** So kann das Kind die Anweisung befolgen.

Wenn alles gut geklappt hat, können die Eltern ihr Kind dafür **loben**, zum Beispiel: „Du hast deine Bücher wirklich sehr ordentlich ins Regal gestellt."

Es kann natürlich passieren, dass das Kind die Anweisung trotz allem nicht befolgt. Dann können die Eltern mit einer **Konsequenz** reagieren.

5.2.4. Verhalten durch Zuwendung ändern

Manchmal ist ein Problemverhalten ein eindeutiges Signal dafür, dass ein Kind mehr Zuwendung braucht. Es zeigt sein Problemverhalten in solch einem Fall nur deshalb, weil dies der einzige Weg ist, diese fehlende Zuwendung zu erhalten. Eltern sollten dann genau hinsehen, was die **Bedürfnisse des Kindes** sind, und versuchen, diese zu befriedigen.

Mögliche Fragen, die sich die Eltern stellen können, sind:

- Braucht das Kind mehr Zeit zum Reden?
- Braucht das Kind mehr Zeit zum Miteinander-Spielen?
- Braucht das Kind mehr Körperkontakt?

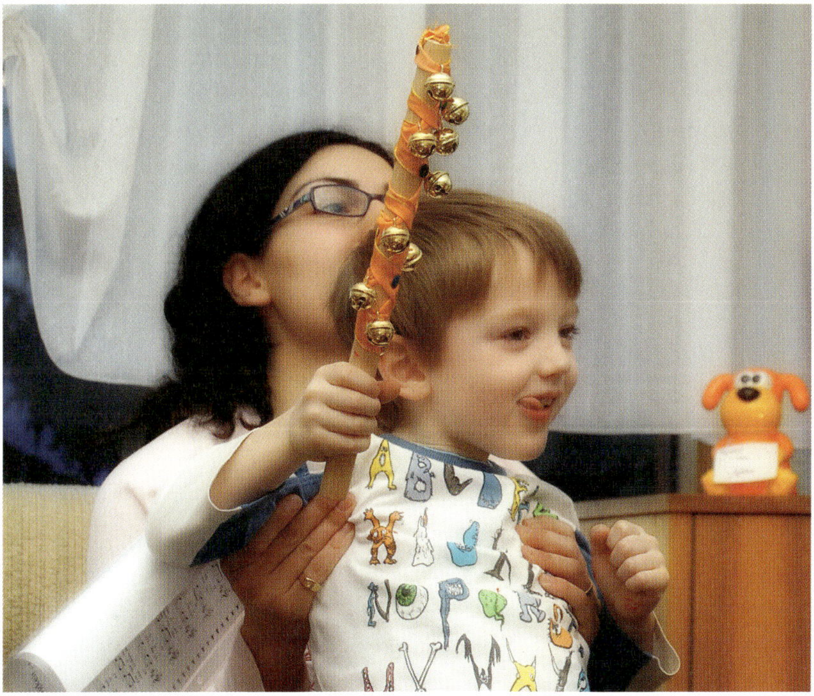

Was auch immer die Eltern herausfinden, Bedürfnisse können nicht übergangen werden. Meist hört das Problemverhalten auf, wenn die Eltern hinter die Fassade blicken und das Bedürfnis hinter dem Problemverhalten erkennen.
Indem die wahren Bedürfnisse erfüllt werden, verschwindet häufig auch das Problemverhalten.

Manchmal kommt es jedoch vor, dass Kinder sich **Problemverhalten angewöhnt** haben. Dann ist es besser, nicht auf dieses Verhalten zu reagieren, um das Problemverhalten nicht noch zu verstärken. Jammern, Nörgeln und Grimassenschneiden sind ebenso Beispiele dafür wie das Verwenden von Schimpfwörtern. In diesen Fällen ist es besser, das **Verhalten zu ignorieren, um das neu erlernte leichte Problemverhalten nicht zu verstärken.**

Bringt ein Kind zum Beispiel die ersten Schimpfwörter vom Kindergarten nach Hause, ist es ideal, wenn man nicht sonderlich darauf reagiert. Jede übermäßig negative Reaktion gibt dem Kind das Gefühl, dass das neue Wort „besonders interessant" ist. Das würde nur dazu führen, es jetzt häufiger auszusprechen.

5.2.5. Verhalten durch das Setzen von Konsequenzen ändern

Es gibt Situationen, in denen das Kind weder das konkrete Ansprechen wahrnimmt noch eine Anweisung oder eine Regel befolgt. In solchen Situationen können Eltern das Verhalten verändern, in dem sie konsequent reagieren.

Eine Konsequenz sollte immer **mit dem Problemverhalten in direktem Zusammenhang** stehen.

Eine Konsequenz ist keine Strafe!
Ziel der Konsequenz ist es, dass das Kind lernt, dass das unerwünschte Verhalten verändert werden soll. Die Konsequenz zeigt ihm auf, dass das Problemverhalten durch ein adäquates Verhalten ersetzt werden kann.

Aus diesem Grund sollte die **Konsequenz** immer **nur für kurze Zeit gesetzt** und danach das ideale Verhalten mit den Eltern eingeübt werden. So kann das Kind lernen, sich richtig zu verhalten. Es kann aber auch lernen, dass die Eltern auf ein problematisches Verhalten reagieren und es nicht tolerieren.

Konsequenzen müssen immer dem **Alter und den Fähigkeiten des Kindes angepasst** werden.

Sie helfen dem Kind, das neue Verhalten zu erlernen, und idealerweise wird das Kind jedes Mal gelobt, wenn es in der Folge ein passendes Verhalten zeigt.

Beispiele:

- Martina verlässt die Dusche nicht, als ihre Mama sie dazu auffordert.
  Eine passende Konsequenz wäre: Die Mama nimmt ihre Tochter aus der Dusche.
- Paul wirft das Essen zu Boden.
  Eine passende Konsequenz wäre: Der Papa stellt den Teller zur Seite und Paul erhält erst zur nächsten Mahlzeit einen neuen Teller.
- Sabine beißt ein Kind, das ihr seinen Ball nicht gibt.
  Eine passende Konsequenz wäre: Sabine darf für fünf Minuten nicht mehr mit dem Kind weiterspielen, erhält aber in fünf Minuten die Gelegenheit, es nochmals zu versuchen.
- Karl läuft beim Spazierengehen zu weit weg, nebenan ist die Hauptstraße.
  Eine passende Konsequenz wäre: Die Mama nimmt ihn an der Hand bis zum nächsten höheren Gebäude. Da kann er es nochmals allein versuchen.

Konsequenzen sollten **niemals im Vorhinein angedroht werden**. Also nicht: „Wenn du nicht bei mir bleibst, dann musst du an der Hand gehen!“

Sie sollten **erklärt werden, nachdem sie gesetzt wurden**.

Zum Beispiel: „Du bist nicht bei mir geblieben. Das ist sehr gefährlich. Nebenan ist die Hauptstraße. Deshalb musst du jetzt bis zur Kirche an meiner Hand gehen. Danach kannst du es nochmals alleine versuchen.“ Wenn es klappt: „Sehr gut, dass du bei mir geblieben bist. So kannst du gut alleine gehen.“

AUTOINDUSTRIALE
OM
R39

6. TIPPS UND TRICKS FÜR FAMILIEN

Erziehung ist eine lebenslange Aufgabe, an der alle Familienmitglieder beteiligt sind – und oft noch andere Bezugspersonen.
Die Eltern sollten Sorge dafür tragen, dass sie sich selbst und ihre Gesundheit ebenso hüten wie ihre Beziehung zum Partner oder zur Partnerin. Kinder wachsen an einem sicheren Ort auf, wenn sie spüren, dass es ihren Eltern gut geht und sich ihre Eltern lieben. Dies ist ein kostbares Fundament, das gepflegt werden sollte, damit es nicht zu bröckeln beginnt. Die Kinder nehmen sich die Eltern zum Vorbild und sie verinnerlichen die Atmosphäre, in der sie groß werden.
Auch wenn Eltern sich getrennt haben, sollten sich die Ex-Partner um eine respektvolle Beziehung bemühen. Sie haben sich zwar getrennt, bleiben aber immer noch gemeinsam die Eltern ihres Kindes.

Eltern dürfen sich sehr wohl Zeit für sich nehmen und Zeit mit ihrem Partner allein verbringen. Kinder spüren, dass das gut und wichtig ist, und sie erleben sich als das Kind von Eltern, die sich nahestehen. Das gibt dem Kind Halt und Orientierung für die Zukunft.

Dieses Kapitel soll Eltern „Tipps und Tricks" mitgeben, die den Alltag für sie einfacher machen. Dabei geht es um Themen wie.

- Herausfordernde Situationen planen
- „Wir streiten!"
- „Ich kann nicht mehr!"
- „Wir brauchen Zeit für uns!"
- „Ich brauche Zeit für mich!"

Der Schwerpunkt dieses Kapitels liegt erneut auf der ganzen Familie und ihren kleineren und größeren Problemen. Eltern sollen Gelegenheit finden, über die Ziele und Lösungsmöglichkeiten für ein glückliches Zusammenleben in der Familie nachzudenken und zu diskutieren.
Es soll ihnen möglich sein, dies in die Praxis umzusetzen und in der eigenen Familie auszuprobieren.

Zu guter Letzt soll ihnen auch noch einmal vor Augen geführt werden, dass liebevolle Erziehung nur dann gelingen kann, wenn Erziehungspersonen auf sich und ihre eigenen Bedürfnisse achten, wenn sie ihre Paarbeziehung pflegen und wenn sie Unterstützung durch Familie, Freunde, Bekannte und Institutionen in Anspruch nehmen. Diese Unterstützung, das soll an dieser Stelle nochmals betont werden, muss jedoch zur eigenen Familie und ihren Wertvorstellungen passen.

5.1. Herausfordernde Situationen planen

In jeder Familie gibt es Situationen, die für Eltern wie Kinder Stress bedeuten. In Kapitel 2 wurde schon ausführlich darauf eingegangen, dass diese Situationen in jeder Familie anders sein können und dass die Familien auch anders damit umgehen.

Es gibt Tage und Situationen, die man fast schon als kritisch bezeichnen könnte. Immer dann, wenn man zu einer bestimmten Tante fährt, oder immer dann, wenn man eine lange Autofahrt zu machen hat, gestaltet sich die Zeit, bis man am Zielort angekommen ist, als extrem anstrengend für alle Beteiligten. Es gibt viele Situationen, die nicht nur zeitlich lang oder intensiv sein können, sondern für Eltern unvorhersehbar, chaotisch oder emotional herausfordernd.

Beispiele sind:

- Ein Einkauf im Supermarkt
- Ein Besuch beim Arzt
- Ein Besuch im Krankenhaus
- Ein Termin beim Friseur
- Eine Zugfahrt
- Eine Urlaubsreise
- Ein Kleiderkauf

Gemeinsam ist all diesen Situationen, dass sie für das Kind wenig attraktiv sind und für das Kind auch zu lange dauern – es sei denn, sie werden geplant.

Kritische Situationen und Tage im Voraus planen

Damit man Situationen wie diese nicht nur gut bewältigt, sondern sogar angenehm mit dem Kind verbringen kann und dabei im Umgang mit dem Kind liebevoll bleibt, sollte man sie nicht dem Zufall überlassen.

Solche Situationen kann und soll man **im Voraus planen**. Dadurch reduziert man Stress für sich und das Kind bzw. die Kinder.

Kinder sind manchmal „kleine Konservative“. Nicht in allen Situationen lieben sie die Abwechslung, oft bevorzugen sie vertraute Abläufe, um sich sicher zu fühlen.

Eltern können für einen **reibungslosen Ablauf** sorgen, wenn sie die Situation, um die es geht, **in Ruhe vorbereiten**. Mit ihrem Kind können sie **Regeln besprechen**, die für diese Situation gelten sollen, und sich **interessante Beschäftigungen** überlegen, die in der betreffenden Situation durchgeführt werden können. Wenn das alles gut gelingt, kann es eine **Belohnung** geben, wenn nicht, können sinnvolle **Konsequenzen** überlegt werden.
Hat alles gut geklappt, sollten die Eltern mit ihren Kindern **nachbesprechen,** was und wie sie es gut gemacht haben.

Ein Beispiel: Eine Zugfahrt kann Spaß machen

Eine Mutter würde gern mit ihrem Kind mit dem Zug fahren. Das Auto soll heute einmal zu Hause bleiben. Damit die Zugfahrt auch wirklich Spaß macht, kann die Mutter einiges **im Vorfeld planen**. Idealerweise wählt sie einen **günstigen Zeitpunkt** aus, an dem das Kind weder müde noch hungrig ist, oder vielleicht einen, an dem das Kleine, wenn es noch ein Baby ist, während der Fahrt im Zug schläft. Gemeinsam mit ihrem Kind kann die Mutter **vereinbaren**, wie man sich in so einem Zug **benehmen** muss. *„Ich möchte, dass du auf dem Sessel bzw. im Abteil sitzen bleibst“* könnte so eine **Regel** heißen. Das Kind soll genau wissen, worauf die Mutter bei der Zugfahrt Wert legt.

Eine Zugfahrt kann lang werden, wenn ein Kind sich dabei langweilt. Daher sind **interessante Beschäftigungen** sehr hilfreich. Die Mutter kann gemeinsam mit dem Kind Dinge auswählen, die sich für eine

Zugfahrt besonders gut eignen. Ein kleines Spiel, ein Malbuch, ein Rätselheft oder ein Bilderbuch zum Anschauen und Vorlesen sind gute Möglichkeiten. Idealerweise nimmt die Mutter von zuhause etwas mit oder besorgt etwas, was für das Kind etwas Besonderes ist. Eine Mutter kauft ihrem Kind vor der Zugfahrt eine eigene Kinderzeitung, so dass auch sie in Ruhe die ihre lesen kann, eine andere nimmt einen CD-Player mit einem Lieblingshörspiel ihres Kindes mit. Die Möglichkeiten sind vielfältig.
Während der Zugfahrt kann die Mutter mit dem Kind über die Züge sprechen, über das, was man draußen sieht, oder sich an den mitgebrachten Dingen erfreuen. Vielleicht gibt's zwischendurch noch eine besonders gute Jause, dann kann einer schönen Fahrt mit viel Spaß nicht mehr viel im Wege stehen.

Diese Beispielsituation kann im Grund auf alle anderen Situationen übertragen werden, die eine Familie als für sie schwierig, anstrengend oder lästig empfindet.

Der Aktivitätenplan

Mithilfe eines **Aktivitätenplanes** kann man jede Situation im Vorfeld überlegen und einen Überblick darüber bekommen, was für die eigene Familie schwierig ist.

Folgende Überlegungen kann man bei der Planung von herausfordernden Situationen anstellen:

- Um welche Situation handelt es sich?
- Zu welchem Zeitpunkt möchte ich es ausprobieren?
- Was kann ich vorbereiten?
- Welche Regel(n) möchte ich für mein Kind in der Situation festlegen?
- Welche interessanten Beschäftigungen unterstützen uns?
- Möchte ich angemessenes Verhalten belohnen? Wenn ja, wie?
- Welche Konsequenzen möchte ich setzen, wenn mein Kind sich nicht an die Vereinbarung hält?
- Möchte ich mir für das nächste Mal neue/andere Ziele setzen?
- Beispielsweise beschäftige ich mich bei der ersten Zugfahrt ständig mit meinem Kind. Wenn das Kind sich an die Situation gewöhnt hat und schon öfter mit mir Zug gefahren ist, kann ich auch für mich etwas Zeit einplanen und zehn Minuten in einer Zeitung blättern, während sich das Kind selbst beschäftigt.

Wenn es klappt, kann man sich immer wieder gut auf solche Momente vorbereiten.

Wenn nicht, kann man folgende Überlegungen anstellen:

- Vielleicht ist die Situation selbst zu lang oder nicht kindgemäß?
- Vielleicht hat man einen falschen Zeitpunkt erwischt, der nicht ideal für die Durchführung des Vorhabens ist?
- Vielleicht ist dem Kind einfach nicht klar, was von ihm erwartet wird, oder es ist einfach zu langweilig?

Indem man all diese Punkte für sich und das Kind durchgeht, wird eine kritische Situation um einiges leichter und man kann seinen „Plan" zunächst einmal ausprobieren. Wo es noch nicht klappt, können jederzeit Veränderungen vorgenommen werden.

5.2. „Hilfe, wir streiten!"

Kinder reagieren sehr sensibel auf Streit. Sie können nicht immer einschätzen, wie sie die Situation beurteilen sollen.

- Handelt es sich nur um eine Meinungsverschiedenheit oder ist es eine lang andauernde Krise?
- Sind die Eltern im nächsten Moment schon wieder versöhnt oder stehen sie kurz vor der Trennung?

Das ist für Kinder nicht immer leicht einzuschätzen. Erwachsene sollten daher ihre Konflikte, insofern sie häufiger auftreten, besser in Abwesenheit ihrer Kinder austragen. Vor allem sollten sie abfällige Bemerkungen, lautes Schreien und Handgreiflichkeiten vermeiden. Das Kind lernt hier, wie überall sonst auch, am Modell. So wie die Eltern Streit vorleben, so wird ein Kind Streit *er*leben.

- Ist Streit etwas, was hie und da vorkommt, weil man anderer Meinung ist, und was kurz darauf wieder bereinigt ist?
- Ist Streit etwas, wo sich die Eltern offensichtlich immer noch gut verstehen und sich lachend wieder versöhnen?

Unter solchen Rahmenbedingungen erlebt ein Kind Streit natürlich anders, als wenn Eltern sich anschreien oder tagelang nicht mehr

miteinander sprechen, sich Gemeinheiten an den Kopf werfen und einander mit der Trennung drohen.

All das wirkt sich auf das Gefühl von Sicherheit aus, welches das Kind erworben hat. Wird Streit als negativ erlebt, führt das meist dazu, solche Muster aus Mangel an anderen Modellen zu wiederholen, oder zum Versuch, Streit und Meinungsverschiedenheiten generell zu vermeiden. Beides sind keine adäquaten Lösungen.

Wenn Eltern merken, dass sie ihre Probleme alleine nicht lösen können, wäre es wichtig, sich Unterstützung zu holen. Dies kann die Unterstützung von guten Freunden sein, wenn diese es schaffen, objektiv und loyal gegenüber beiden Partnern zu sein. Manchmal überfordert dies Freunde, weil sie einem Elternteil gegenüber parteiisch sind. Dann kann die professionelle Hilfe eines Psychologen oder Therapeuten ein guter Weg sein.

Grundsätzlich sollten die Eltern jedoch versuchen, ihre Probleme zuerst untereinander zu klären. Miteinander zu sprechen, wenn es Probleme gibt, ist meist der sinnvollste Weg.

Mit dem eigenen Kind sollten Beziehungsprobleme nicht besprochen werden. Es ist überfordert, wenn man es als Vertrauensperson missbraucht. Kinder lieben im Normalfall beide Elternteile. Spricht ein Elternteil in Abwesenheit des anderen schlecht über den anderen, bringt er das Kind in eine Konfliktsituation mit sich selbst. Nur zuzuhören, was einer über den anderen Negatives zu sagen hat, ist schon zu viel. Es gibt Themen und Situationen, die unter Erwachsenen geklärt werden müssen. Ein Kind ist nicht in der Lage, die Situation zu erfassen, und es ist äußerst unfair, es da hineinzuziehen.

5.3. „Ich kann nicht mehr!"

Es gibt Zeiten im Leben, in denen man sich überfordert fühlt. Manchmal ist die Überforderung so groß, dass man sagt: „Ich kann nicht mehr!"

Mütter und Väter sollten daher auch **für sich selbst sorgen**.
Was tut mir gut?
Was macht mir Spaß?
Was weckt die Lebensgeister und gibt Kraft für den Tag?

Sich öfter mal eine Pause gönnen

Wenn man sich als Elternteil langfristig überfordert, überträgt sich das auf die Familie und auf die Beziehungen in der Familie. Daher sollte man sich immer wieder einmal eine Pause gönnen, in welcher Form auch immer.
Für die einen ist es eine mittägliche Kaffeepause, für andere der Kurzurlaub mit dem besten Freund. Einer sitzt täglich eine Viertelstunde auf seiner Lieblingsbank im Wald und genießt die Ruhe und andere joggen in der Früh um sechs einmal um den See.

Sich eine Pause zu gönnen, heißt vielfach, sich **Unterstützung zu holen**. Unterstützung ist nur hilfreich, wenn sie in der Form stattfindet, in der man sie braucht.
Unterstützung kann ein Babysitter für gewisse Stunden genauso sein wie eine Haushaltshilfe. Unterstützung kann sein, einmal pro Woche nicht kochen zu müssen oder die eigenen Einstellungen durch ein Gespräch zu verändern.

Statt Perfektion ist manchmal Mut zur Lücke angebracht.

Eltern können überlegen, welche Situationen sie wirklich überfordern und wie sie diese verändern können. Wenn sie gar keine Idee haben, kann es hilfreich sein, **professionelle Hilfe in Form eines Coachings oder Beratungsgesprächs** zu suchen.

Fragen, die dabei helfen können

- Was können Sie tun, um sich von Ihren Alltagspflichten zu erholen?
- Was können Sie tun, um zu entspannen?
- Was macht Ihnen Freude? Was macht Ihnen Spaß?
- Wer kann Sie unterstützen? (Familie, Freunde, Bekannte, professionelle Betreuungspersonen?)
- Mit wem können Sie über Schwierigkeiten, Ärger und Stress sprechen?
- Wen können Sie manchmal anrufen, um zu fragen, ob er/sie auf Ihr Kind aufpasst, damit Sie einmal etwas für sich selbst tun können?

5.4. „Wir brauchen Zeit für unsere Beziehung!“

Bevor man Kinder hatte, war man es gewohnt, viel Zeit ausschließlich mit dem Partner oder der Partnerin zu verbringen. Man fragte sich, wie es wohl werden würde, wenn man dann zu dritt wäre. Manche können sich dabei gar nicht vorstellen, wie viel Zeit ein Neugeborenes in Anspruch nimmt.

Meist gelingt es den Paaren sehr gut, sich auf ihr Baby einzustellen und sich nach seinen Bedürfnissen zu richten. Manchmal passiert es jedoch, dass kaum oder wenig Zeit für die Beziehung bleibt, weil man denkt, man müsse sich nun hauptsächlich um das Kind kümmern. Auch wenn das Kind oder die Kinder sehr wichtig sind und wenn sie die volle Aufmerksamkeit benötigen, die eigene gute Beziehung ist die Voraussetzung für eine gute Entwicklung des Kindes. Es sollte daher weiterhin viel Wert darauf gelegt werden, die Paarbeziehung zu pflegen.

Zeiten für die Beziehung einplanen

Der Terminkalender ist meist voll mit Terminen. Gibt es da auch einen Termin mit dem eigenen Partner? Einen Termin, der fix eingetragen ist, einmal die Woche oder einmal im Monat? **Ein dringender Termin!**

Auch die eigene Beziehung verdient und braucht Termine. Alles, was so nebenbei läuft, erhält nicht die volle Aufmerksamkeit. **Die Beziehung ist das Fundament der Familie und immens wichtig für eine gesunde psychische Entwicklung der Kinder.**
Die Eltern leben ihren Kindern tagtäglich Beziehung vor.
Es ist wichtig, auch Zeiten außerhalb des eigenen Hauses und Zeiten ohne die Kinder mit dem Partner zu verbringen. Natürlich ist es immer die eigene Entscheidung, wie oft und wie lange man Zeit alleine mit dem Partner verbringen möchte. Es ist sicher auch abhängig von anderen Aktivitäten, beruflichem Engagement und der Anzahl bzw. dem Alter der Kinder.

Etwas unternehmen, was beiden Spaß macht

Als Paar sollte man den Spaß in der eigenen Beziehung nicht vergessen. Etwas zu unternehmen, was Spaß macht, tut dem Paar gut und lässt einen manch stressige Episode aus dem Erziehungsalltag mit Humor nehmen.

Freunde treffen

Wenn das Familienleben auch schön ist, außerhalb der Familiengrenzen gibt es weiterhin wichtige Kontakte. Freunde zu treffen und Bekanntschaften zu pflegen ist gerade für Eltern von Babys und Kleinkindern wichtig. Das Bedürfnis nach geistigem Austausch kann nicht vollständig von Kindern abgedeckt werden.
Eltern, die Freunde treffen, sind meist ausgeglichener und liebevoller mit ihren Kindern, weil auch ihre eigenen Bedürfnisse gelebt werden können. Für den Elternteil, der hauptsächlich berufstätig ist, ist das übrigens genauso wichtig. Das Leben sollte sich nicht nur auf Arbeit und Familie reduzieren, auch wenn die Schwerpunkte sich verlagern.

Wieder einmal ein paar Tage wegfahren

Wenn es finanziell möglich ist, tut ein Kurzurlaub den meisten Paaren gut. Eine längere Zeitspanne einmal nur mit dem Partner zu verbringen, den Alltag auszublenden, Zeit nur für sich und die Partnerschaft zu haben, gibt Kraft und verdeutlicht den besonderen Stellenwert der Beziehung.

5.5. Ein Traumtag für die ganze Familie

Eltern können sich immer wieder ganz bewusst für einen Traumtag entscheiden.
Wann immer es passt, kann ein Traumtag geplant werden – einer, welcher der ganzen Familie in Erinnerung bleibt.

Dabei sollten die Eltern zuerst einmal Ideen sammeln, was sie und ihre Kinder gerne mögen und was ihren persönlichen Vorstellungen eines Traumtages entspricht.

Der Traumtag soll jedem in der Familie Freude bereiten und gleichzeitig kann jeder einen Teil der Vorbereitung oder Durchführung übernehmen, ganz nach Alter, Interessen und Fähigkeiten.

Die Erwartungen sollten nicht zu hoch sein, aber man sollte versuchen, den Tag so schön wie möglich zu gestalten.

Ein paar wichtige Eckpunkte können sein:

- Datum
- Zeitpunkt
- Wo soll der Traumtag stattfinden?
- Was genau werden wir als Familie unternehmen?
- Wer kann was dazu beitragen?
- Wie stellen wir fest, dass es wirklich ein Traumtag war?

Ein Beispiel:

Sabine und Markus haben zwei Kinder im Alter von sechs und acht Jahren. Ihren Traumtag möchten sie gern am Anfang der Sommerferien planen, am besten am ersten sonnigen Tag nach Ferienbeginn.
Beginnen soll ihr Traumtag in der Früh um 8.30 Uhr, wenn es noch nicht zu heiß ist.
Der Traumtag soll in der näheren Umgebung stattfinden.

Sie möchten mit den Fahrrädern zu einem nahe gelegenen See fahren, nach einer Stunde Fahrt dort ankommen und ein Picknick machen. Den Rest des Tages möchten sie schwimmen gehen und den Tag am See verbringen. Am späteren Nachmittag möchten sie mit ihren Rädern wieder heimfahren.

Jeder leistet seinen Beitrag: Papa bereitet die Räder und Radtaschen vor, pumpt noch etwas Luft ein und geht einkaufen. Mama bereitet das Picknick mit Hilfe von Sarah und Matthias vor und packt die Schwimmsachen. Die Kinder nehmen ihre Rucksäcke mit und geben ihre Reservebadesachen hinein. Auch ein Pflaster für alle Fälle landet in den Rucksäcken.

Am Ende des Tages stellen alle fest: Es war ein Traumtag! Warum? Weil alle zusammengeholfen haben, weil die Organisation gut geklappt hat, weil es wirklich eine schöne Radtour war und auch der See war wunderschön, und weil das Picknick allen geschmeckt hat.
Der Tag ist im Flug vergangen und jeder hat Lust, noch mal so einen Tag gemeinsam mit der Familie zu verbringen.
Wie gerne hört man doch „Das war ein Traumtag!“

7. SPECIALS – VOM SÄUGLING BIS ZUM SCHULSTART

Jede Familie hat ihre eigenen „Specials".

In der einen Familie wollen die Kinder einfach nicht einschlafen, in der anderen gibt es Probleme beim Anschnallen im Auto. Wieder andere Eltern klagen darüber, dass ihr Kind im Supermarkt die Regale ausräumt, und dann gibt es noch Mütter und Väter, die erzählen, ihr Kind sei eifersüchtig auf das neue Geschwisterchen.
Die Fülle an Themen kann gar nicht erschöpfend behandelt und beschrieben werden.

Es ist beruhigend, zu wissen, dass all diese Probleme mit anderen Eltern geteilt werden. In jeder Familie gibt es Bereiche, die manchmal Schwierigkeiten bereiten. In jeder Familie gibt es Dinge, die noch gelernt werden dürfen.

In diesem Kapitel soll der Versuch unternommen werden, die in meiner Praxis am häufigsten vorkommenden Situationen zu beschreiben und kurz Lösungsmöglichkeiten aufzuzeigen.
Zusätzlich empfiehlt sich das Lesen von Fachliteratur zu den speziellen Themen bzw. bei länger anhaltenden Problemen die Inanspruchnahme eines professionellen Beratungsgesprächs.

7.1. Säuglingsalter

Für die meisten Eltern ist die Umstellung von der Paarbeziehung auf eine kleine Familie eine Bereicherung und eine der glücklichsten Lebensphasen.
Gleichzeitig bedeutet diese Umstellung aber auch den **Beginn eines Lernprozesses** – nicht nur als Paar und Familie, sondern auch als „Experte" für die großen und kleinen Probleme, die so ein Neugeborenes mit sich bringt.

Natürlich ist jedes Baby anders und es gibt kein Rezept dafür, wie man es richtig macht. Was es jedoch gibt, sind Themenbereiche, zu denen sich viele Eltern Rat holen und Unterstützung in Anspruch nehmen.

Zu jedem dieser Themenbereiche findet sich eine Menge Fachliteratur, die Eltern noch vertiefend in Anspruch nehmen können.
In diesem Buch geht es darum, die schon besprochenen Möglichkeiten und Methoden aus den vorangegangenen Kapiteln auf diese speziellen Themen anzuwenden.

Schlafen

- Bereiten Sie den Schlafraum gemütlich vor.
- Achten Sie auf eine gewisse Regelmäßigkeit bei den Fütterungs- und Schlafzeiten; natürlich können diese Zeiten vor allem am Anfang noch variieren.
- Bemühen Sie sich um ein gemütliches Ritual beim Schlafengehen.
- Bringen Sie Ihr Baby ins Bett, solange es noch wach ist.
- Mit zunehmendem Alter gibt es dem Kind Orientierung, wenn Füttern und Schlafen an unterschiedlichen Plätzen stattfinden.
- Wacht ihr Baby auf, dann geben Sie ihm kurz Zeit, wieder von selbst einzuschlafen. Wenn es weint, gehen Sie zu ihm und trösten Sie es.
- In den ersten Monaten sollten Sie ihr Baby beruhigen, wenn es nachts aufwacht. Sprechen Sie leise mit ihm und sorgen Sie dafür, dass es im Raum eher dunkel ist. So kann sich das Baby an Tag und Nacht gewöhnen.
- Denken Sie auch an sich. Wann immer es Ihnen möglich ist, ruhen Sie sich aus.

Förderung der kindlichen Entwicklung

- Wann immer es möglich ist und ihr Kind Interesse zeigt: Sprechen Sie mit ihm.
- Sobald Ihr Kind Spaß daran hat, lesen Sie ihm vor oder sehen Sie sich mit ihm Bilderbücher an, zu denen Sie Geschichten erzählen.
- Lassen Sie Ihr Kind interessante Dinge ansehen. Setzen Sie es auf oder nehmen Sie es in Ihren Arm, damit es gut sehen kann.
- Geben Sie Ihrem Kind ungefährliche Dinge zum Angreifen, Berühren und Bewegen.
- Geben Sie Ihrem Kind Gelegenheit, unterschiedliche Geräusche oder Musik zu hören.
- Lassen Sie Ihr Baby ungefährliche Gegenstände in den Mund nehmen und erkunden.
- Lassen Sie Ihr Baby die Perspektive verändern – legen Sie es auf den Bauch oder heben Sie es hoch.

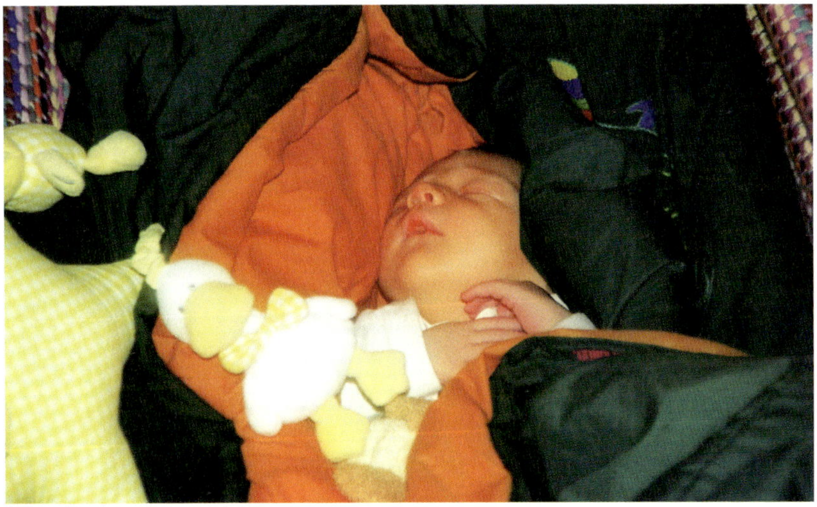

- Helfen Sie ihm, seine Bewegung zu fördern.
- Gehen Sie mit Ihrem Baby im Freien spazieren. So lernt es seine Umgebung kennen und genießt Licht und frische Luft.
- Regen Sie seine Neugier und Fantasie an.
- Lassen Sie Ihr Baby alles spielen, was es stimuliert (zum Beispiel Türme-Bauen, Malkreiden, Klatschspiele, Reime, Formen, Farben, Dreh- und Drückspiele etc.).

Essen

- Schaffen Sie ein gemütliches Plätzchen zum Stillen oder Füttern. Essen wird von Anfang an mit Gesellschaft, Zuwendung und Wohlbefinden verbunden und dient nicht nur der Nahrungsaufnahme.
- Stillen/füttern Sie zu Beginn nach Bedarf des Kindes und versuchen Sie dann langsam einen Rhythmus zu finden.
- Finden Sie für das Baby und sich selbst die richtige Möglichkeit, Ihr Baby zu ernähren.
- Besprechen Sie das Thema Stillen/Füttern mit einer erfahrenen Stillberaterin, einer Säuglingsschwester oder einem Arzt ihres Vertrauens.
- Vermeiden Sie von Anfang an gezuckerte Säfte und gesüßten Tee. Sie können Karies verursachen und die Gesundheit ihres Babys beeinträchtigen.
- Beginnen Sie mit fester Nahrung – nach Absprache mit Ihrem Kinderarzt – ungefähr um das sechste Lebensmonat herum.

Schreien

- Fördern Sie die Zufriedenheit Ihres Babys, indem Sie Zeit mit ihm verbringen, wenn es wach ist.
- Achten Sie genau auf seine Bedürfnisse und lassen Sie es spielen, in Ihrem Arm liegen, kuscheln oder was es sonst gerne mag.
- Tragen Sie Ihr Baby viel mit sich herum, vor allem in den ersten Monaten. Es braucht Nähe und Körperkontakt genauso dringend wie Nahrung und Schlaf.
- Wenn Ihr Baby schreit, sollten Sie sofort reagieren und zu ihm gehen.
- Im Laufe der Zeit werden Sie heraushören, was sein Weinen bedeutet und können immer besser darauf eingehen.
- Was immer Sie tun können, um Ihr Baby zu beruhigen, tun Sie es.
- Versuchen Sie dabei auch, gelassen zu bleiben. Sie tun Ihr Bestes!
- Wenn es Ihnen zu viel wird, versuchen Sie Unterstützung zu bekommen – von Familienmitgliedern oder Freunden.
- Wenn Ihr Baby nicht aufhört zu schreien, versuchen Sie sich zu sagen, dass es bei Ihnen gut aufgehoben ist und Babys, vor allem wenn sie noch sehr klein sind, oft weinen, ohne dass man den Grund verstehen kann.
- Seien Sie beruhigt, dass alle Babys längere Zeit weinen und diese Phase wieder vorübergeht, wenn Ihr Baby älter wird.
- Sollten Sie das Gefühl haben, Ihr Baby schreit ständig, Tag und Nacht, und das über längere Zeiträume, wenden Sie sich an einen Kinderarzt Ihres Vertrauens oder an eine Schreiambulanz in Ihrer Nähe.

Fremdeln/Trennungsangst

- Verbringen Sie viel Zeit mit Ihrem Kind und lassen Sie es niemals unbeaufsichtigt.
- Bleiben Sie, wann immer möglich, im Gesichtsfeld Ihres Kindes, so dass es sie sehen kann und sich sicher fühlt.
- Trennungen, die nicht nötig sind, sollten Sie in der ersten Zeit vermeiden.
- Geben Sie Ihrem Kind Gelegenheit, Ihnen nahestehende Personen häufig zu sehen, damit es sich an diese gewöhnt.
- Soll Ihr Kind von jemand anderem als Ihnen betreut werden, sollte es diese Person zunächst mindestens 5 und idealerweise maximal 20 Stunden in der Woche sehen, damit es eine Beziehung zu ihr aufbauen kann.
- Geben Sie Ihrem Kind genug Zeit, sich an neue Menschen und Gesichter zu gewöhnen.

- Gehen Sie zu Ihrem Kind und reagieren Sie liebevoll und einfühlsam auf sein Verhalten, wenn es sich ärgert, weint oder sich zurückzieht.
- Bleiben Sie in solchen Situationen ruhig und denken Sie daran, dass Ihr Kind eine gute Bindung zu Ihnen aufgebaut hat – deshalb reagiert es so.
- Fördern Sie Ihr Kind, wenn es positiv auf andere Menschen reagiert, indem Sie es loben oder ihm helfen, Kontakt herzustellen.
- Laden Sie Familienmitglieder und Freunde ein oder gehen Sie zu Ihnen auf Besuch. So kann Ihr Kind den Umgang mit anderen Menschen lernen und sich dabei wohlfühlen.
- Wenn Sie Ihr Kind zeitweilig von jemand anderem betreuen lassen, entwickeln Sie ein festes Ritual zu festgelegten Zeiten. So kann sich Ihr Kind besser daran gewöhnen.

7.2. Kleinkindalter

Im Kleinkindalter kommen neue Herausforderungen auf die Eltern zu. Das Kind beginnt, erste Schritte in Richtung Unabhängigkeit zu machen, sowohl physisch als auch psychisch. Diese Fortschritte des eigenen Kindes mitzuerleben, ist für die Eltern eine große Freude und erfüllt sie mit Stolz. Manchmal jedoch gestaltet sich dieser Abschnitt auch anstrengend und schwierig, und Eltern brauchen Rat und Unterstützung, wie sie mit den neuen Fähigkeiten ihres Kindes umgehen können.

Schlafprobleme

- Bringen Sie Ihr Kind liebevoll zu Bett und legen Sie eine Zeit für das Schlafengehen fest.
- Achten Sie darauf, dass Ihr Kind müde ist. Führen Sie, wenn Sie sich nicht sicher sind, eine Woche lang ein Protokoll, in dem Sie aufschreiben, wie viele Stunden Schlaf Ihr Kind braucht. Die Schlafzeiten von Kindern sind sehr unterschiedlich.
- Vor dem Schlafengehen sollte sich das Kind in etwa eine halbe Stunde lang ruhig beschäftigen bzw. Sie sollten sich mit ihm ruhig beschäftigt haben.
- Lassen Sie es vor dem Schlafengehen in Ruhe essen, baden oder duschen, putzen Sie ihm die Zähne und ziehen Sie ihm seinen Pyjama an.
- Entwickeln Sie ein liebevolles Bettgehritual wie zum Beispiel eine Geschichte vorzulesen, ein Lied zu singen, vom Tag zu erzählen, ein

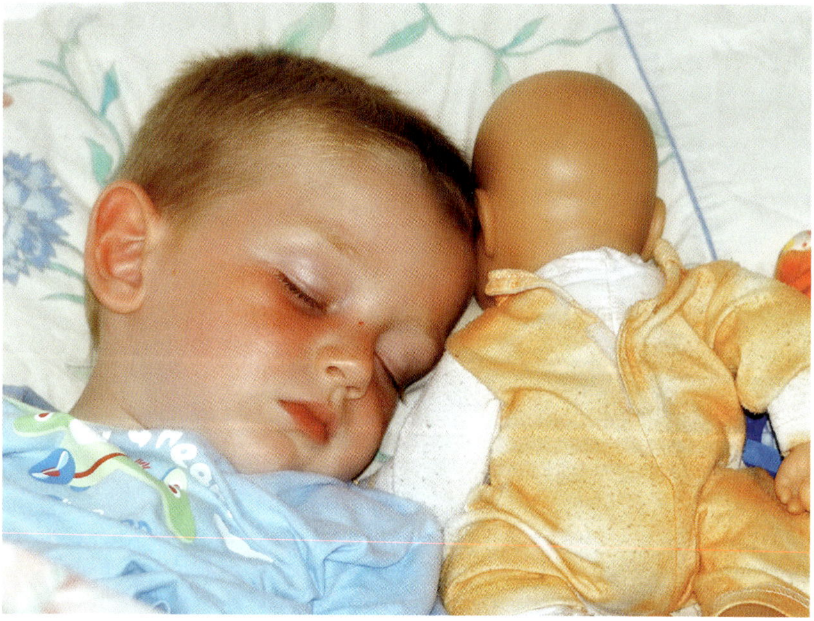

Gebet zu sprechen. Die meisten Kinder gewöhnen sich schon sehr früh an ihr Ritual und schlafen ein, wenn alles wie gewohnt abläuft.

- Nach dem Abendritual können Sie Ihrem Kind noch „Gute Nacht" sagen und ihm einen liebevollen Gutenachtkuss geben, bevor Sie das Zimmer verlassen.
- Bringen Sie Ihr Kind in sein Bettchen, wenn es schon sehr müde, aber noch wach ist. So verbindet es das Einschlafen in seinem Bettchen mit angenehmen Gefühlen und fühlt sich wohl in dieser ihm vertrauten Umgebung.
- Wenn Ihr Kind weint, warten Sie kurz, ob es einfach nur müde ist und gleich einschlafen wird, damit Sie es nicht beim Einschlafen stören. Ansonsten gehen Sie zu Ihrem Kind und sprechen oder singen mit ihm und versuchen es erneut.
- Wenn Ihr Kind aus dem Bett kommt, bringen Sie es zurück und sprechen Sie mit ihm, bis es sich beruhigt. Lassen Sie es dann nochmals probieren einzuschlafen.

Wutanfälle

- Planen Sie herausfordernde Situationen lieber im Voraus. Viele Wutanfälle lassen sich so vermeiden. Nehmen Sie sich dafür Kapitel 5 zu Hilfe.

- Achten Sie darauf, was Ihr Kind gut macht. Wann immer Sie sehen, dass es sich gut benimmt, loben Sie es und schenken Sie ihm Ihre Zuwendung.
- Wutanfälle von Ein- bis Zweijährigen sollten Sie besser nicht beachten.
- Größere Kleinkinder sollten Sie in den Arm nehmen und sie in ihrem Gefühl der Wut ernst nehmen. Gleichzeitig können Sie aber bei dem bleiben, was Sie mit Ihrem Kind besprochen haben. Zum Beispiel: *„Es ist ärgerlich, wenn du nicht mehr länger in der Badewanne bleiben darfst, aber du weißt, nach zehn Minuten musst du herauskommen."*
- Einem älteren Kleinkind können Sie sagen, was es tun soll oder darf, und Sie können auch für Sie passende Konsequenzen setzen.
- Sobald sich Ihr Kind wieder beruhigt hat, helfen Sie ihm, sich adäquat zu benehmen, und loben Sie es, wenn es gelingt.

Selbständig essen

- Damit Ihr Kind essen lernt, sollten Sie möglichst gemeinsam mit ihm und der Familie essen. So hat es Vorbilder, von denen es lernen kann, und es fühlt sich in Gesellschaft wohl.
- Wenn möglich, bereiten Sie die Mahlzeit so vor, dass sofort mit dem Essen begonnen werden kann und unnötige Wartezeiten wegfallen.

- Stellen Sie sich darauf ein, dass der Tisch bzw. Boden nicht sauber bleibt, und verwenden Sie gegebenenfalls abwaschbare Tischdecken oder Sets. Nur wenn Ihr Kind entspannt essen kann, kann es lernen, allein zu essen.
- Geben Sie dem Kind die Mahlzeit so, dass es allein essen kann und achten Sie darauf, dass die Portion angemessen groß bzw. klein ist.
- Kleinkindern kann „Fingerfood" angeboten werden, damit es Spaß macht, allein zu essen. Später können Sie zur Verwendung von Besteck übergehen.
- Loben Sie Ihr Kind, wenn es gute Tischmanieren zeigt, zum Beispiel, wenn es das Besteck verwendet, eine Serviette benutzt, bei Tisch sitzen bleibt.
- Ignorieren Sie zu Beginn, wenn es noch nicht ganz klappt. Der Lernprozess steht im Vordergrund!

Sauberkeitserziehung

- Mit der Sauberkeitserziehung sollten Sie erst beginnen, wenn Ihr Kind spüren kann, dass es aufs WC muss. Bevor das Kind nichts fühlt, kann es auch nicht sauber werden. Es bringt gar nichts, das Kind zu drillen, zu wecken oder ständig aufs Töpfchen zu setzen, wenn es nicht spürt, dass es „muss".

- Sauberkeitserziehung beginnt damit, dass das Kind Interesse daran zeigt, aufs Töpfchen oder WC zu gehen bzw. wenn es davon zu sprechen beginnt, dass es „groß“ oder „klein“ in die Windel gemacht hat. Ein Zeichen dafür, dass es sinnvoll ist, mit der Sauberkeitserziehung zu beginnen, ist weiters, dass sich das Kind jetzt für seinen Stuhlgang in eine Ecke zurückzieht.
- Wenn Ihr Kind bereit ist, können Sie ihm ein Töpfchen oder einen Aufsatz fürs WC anbieten.
- Zeigen Sie ihm die Schritte, die wichtig sind. Das können Sie anhand der „Und-dann-Methode“ mit ihm einüben.
- Loben Sie Ihr Kind, wenn es bereit ist aufs Töpfchen zu gehen, zwingen Sie es aber niemals!
- Sie können Ihr Kind loben oder belohnen, wenn es aufs Töpfchen gegangen ist, oder Sie können die schon besprochene Punktekarte einsetzen.
- Wenn es einmal nicht klappt, bleiben Sie freundlich und beschämen Sie Ihr Kind nicht! Das kann passieren!
- Sollte es über einen längeren Zeitraum nicht klappen, ist Ihr Kind noch nicht so weit. Lassen Sie einige Wochen vergehen. Sie können es zu einem späteren Zeitpunkt noch einmal versuchen.

Weglaufen

- Wenn Ihr Kind nicht in Ihrer Nähe bleibt, besprechen Sie ganz klar mit ihm, was Sie sich erwarten: *„Ich möchte, dass du neben mir gehst.“*
- Wählen Sie für den Anfang ungefährliche Spazierwege aus, um mit Ihrem Kind zu üben.
- Sprechen Sie mit Ihrem Kind und loben Sie es, wenn es in Ihrer Nähe bleibt.
- Erklären Sie Ihrem Kind, was es tun soll, wenn es etwas Interessantes entdeckt.
- Wenn Ihr Kind von Ihnen wegläuft, müssen Sie prompt reagieren und Ihrem Kind erklären, dass das gefährlich ist.
- Seien Sie konsequent und nehmen Sie Ihr Kind an der Hand, so dass ihm nichts passieren kann. Sagen Sie ihm in etwas Folgendes: *„Wir haben gesagt, dass du in meiner Nähe bleiben musst. Du bist weggelaufen. Das ist gefährlich* (wenn es das ist)*. Deshalb muss ich dich jetzt an die Hand nehmen. Bis zum grünen Haus gehen wir jetzt zusammen, dann kannst du es noch mal versuchen.“*
- Geben Sie dem Kind die Gelegenheit, es nochmals zu probieren.

Folgen/Gehorchen

- Viele Probleme in dieser Hinsicht können vermieden werden, wenn Sie Ihr Haus kindgerecht einrichten. Je unbeschwerter ein Kind spielen kann und je weniger Gefahrenquellen und für das Kind ungeeignete Gegenstände in seiner Reichweite sind, desto besser.
- Wann immer Ihr Kind sich angemessen verhält, loben Sie es und zeigen Sie ihm, dass es etwas gut macht.
- Seien Sie konkret in dem, was Sie von Ihrem Kind möchten und drücken Sie es klar aus: *„Bitte hänge die Jacke auf den Haken."*
- Wenn Sie etwas nicht möchten, sagen Sie *„Nein"* mit einer festen, klaren Stimme und schauen Ihr Kind dabei an.
- Wenn Ihr Kind ein Verhalten zeigt, das Sie nicht tolerieren wollen, setzen Sie eine passende und altersgemäße Konsequenz.
- Anschließend lassen Sie Ihr Kind mit seiner Tätigkeit oder seinem Spiel fortfahren und loben es, wenn es das gut macht.

Wehtun

- Versuchen Sie Situationen schon im Vorfeld richtig einzuschätzen oder zu planen, in denen es zu Streit oder Konflikten kommen könnte.
- Wann immer Ihr Kind mit anderen Kindern behutsam und freundlich umgeht, sollten Sie es dafür loben.
- Wenn Ihr Kind einem anderen wehtut, müssen Sie sofort reagieren. Ihr Kind muss lernen, dass anderen wehzutun nicht in Ordnung ist.
- Sagen Sie Ihrem Kind, wie es stattdessen mit den anderen Kindern umgehen soll.
- Loben Sie es, wenn es sich anschließend rücksichtsvoll und freundlich verhält.
- Wenn dies nicht der Fall ist, gehen Sie mit Ihrem Kind in einen anderen Teil des Raumes oder verlassen Sie diesen mit ihm. Sagen Sie ihm, dass es dem anderen Kind wehgetan hat und so nicht mit ihm weiterspielen kann.
- Nach einigen Minuten gehen Sie wieder gemeinsam zu dem anderen Kind und lassen Ihr Kind erneut versuchen, rücksichtsvoll und freundlich mit ihm zu spielen. Loben Sie Ihr Kind, wenn es gelingt bzw. helfen Sie ihm vorab, dass es gelingt.

Jammern

- Beobachten Sie sich selbst – sprechen Sie so, wie Sie es sich von Ihrem Kind erwarten?

- Wenn Ihr Kind jammert, um etwas zu erreichen oder zu erhalten, sagen Sie ihm ganz klar, dass es mit normaler Stimme sprechen soll.
- Wenn Ihr Kind wieder angemessen spricht, können Sie es dafür loben.
- Zeigen Sie Ihrem Kind, wie es fragen oder sprechen soll.
- Reagieren Sie nur dann, wenn das Kind im angemessenen Tonfall mit Ihnen spricht.
- Bleiben Sie konsequent, bis Ihr Kind sich das Jammern abgewöhnt hat.

Teilen

- Entscheiden Sie, wann es Ihren Kindern möglich ist, selbständig miteinander zu spielen, und wann Sie besser dabeibleiben.
- Wenn Sie zu beschäftigt sind, lassen Sie die Kinder manchmal lieber getrennt spielen.
- Geben Sie selbst ein gutes Vorbild ab und teilen Sie in allen Situationen, wo es passend ist.
- Wählen Sie Spielmöglichkeiten aus, bei denen Ihre Kinder lernen können, wie man teilt und sich beim Spielen abwechselt.
- Loben Sie Ihr Kind bzw. Ihre Kinder, wenn geteilt wird.
- Wenn Sie merken, dass es nicht gelingt, seien Sie aufmerksam und reagieren Sie, noch bevor der Streit beginnt. Kleinkinder sind mit dem Teilen noch überfordert und können solche Situationen nicht allein regeln.
- Lassen Sie Ihr Kind das Teilen immer wieder versuchen und loben Sie es, wenn es ihm gelingt.
- Wenn die Kinder nicht teilen, wechseln Sie das Spiel oder lassen Sie die Kinder voneinander getrennt weiterspielen.

7.3. Kindergartenalter

Die meisten Kinder besuchen heute ab einem Alter von etwa drei Jahren einen Kindergarten. Dies hat den Vorteil, dass Kinder lernen, sich in eine Gruppe einzufügen, sich mit anderen Kindern auszutauschen und zu spielen, aber auch, dass die Eltern in der Zeit, in der Ihre Kinder betreut werden, eigenen Interessen bzw. einer Berufstätigkeit nachgehen können oder Zeit für ein kleineres Geschwister haben.
Wenn die Kinder im Kindergarten gut betreut werden, bringt die Zeit im Kindergarten für die ganze Familie eine Reihe von Vorteilen. Voraussetzung ist eine kompetente und verständnisvolle Betreuung. Für das Kind ist auch wichtig, dass die Routinen im Tagesablauf möglichst eingehalten werden und die Betreuungspersonen gar nicht bis selten wechseln.

Auch im Kindergartenalter gibt es wieder eine Reihe von Themen, die Eltern beschäftigen können. Die „Specials" aus dem Alltag der Drei- bis Sechsjährigen sind wiederum spannend und herausfordernd zugleich.

Trennungsängste – der erste Kindergartentag

- Geben Sie Ihrem Kind die Möglichkeit, schon vor Kindergarteneintritt mit kürzeren Trennungen umzugehen. Es tut sich leichter, wenn es Trennungssituationen schon einmal erlebt hat und weiß, dass auf Mama oder Papa Verlass ist und Sie wiederkommen.
- Sagen Sie Ihrem Kind ganz genau, wohin Sie gehen und wann Sie wiederkommen werden.
- Nutzen Sie, wenn möglich, eine Eingewöhnungsphase im Kindergarten, bei der Sie anfangs noch einige Zeit dabeibleiben können und sich Ihr Kind daran gewöhnen kann, dass Sie für längere Zeiträume wegbleiben – so lange, bis es dann ganz allein im Kindergarten bleiben darf.
- Sprechen Sie im Vorfeld mit der zuständigen Kindergartenpädagogin, um Ihrem Kind sagen zu können, wie alles abläuft und auch um selbst Sicherheit zu gewinnen und diese Ihrem Kind gegenüber auszustrahlen.

- Stellen Sie Ihrem Kind die Kindergartenpädagogin und die anderen Kinder vor oder lassen Sie dies die Pädagogin machen.
- Bitten Sie die Betreuerin, insofern Sie es nicht ohnehin macht, Ihrem Kind bei der Aufnahme einer ersten Beschäftigung im Kindergarten zu helfen.
- Verabschieden Sie sich kurz, aber eindeutig, wenn Sie gehen. Ziehen Sie das Trennungsritual nicht in die Länge, das verschlimmert die Trennungssituation für Ihr Kind!
- Wenn Sie Ihr Kind wieder **pünktlich** abholen, beschäftigen Sie sich einige Zeit intensiv mit Ihrem Kind, sprechen Sie in Ruhe mit ihm oder spazieren Sie gemütlich nach Hause. So lernt es, dass Sie verlässlich wiederkommen und sich freuen, es erneut zu sehen. Im Lauf der Zeit wird es immer besser mit der Trennung umgehen können.

Tischmanieren

- Achten Sie darauf, dass zu relativ festen Zeiten gegessen wird, damit Ihr Kind nicht unnötig Hunger hat oder noch satt ist, weil die letzte Mahlzeit erst kurz zurückliegt. Sprechen Sie sich auch mit dem Kindergarten ab, wann und wie viel das Kind gegessen hat, wenn es dort isst.
- Erinnern Sie das Kind bei Tisch an die geltenden Tischregeln.
- Bereiten Sie so gut wie möglich alles vor.
- Berücksichtigen Sie, ob Ihr Kind lebhaft oder ruhig ist – beachten Sie seine Fähigkeit, länger sitzen zu bleiben, und stellen Sie kindgerechte Sitzmöbel bereit.
- Loben oder belohnen Sie Ihr Kind, wenn es sich beim Essen gut benimmt.
- Wenn Ihr Kind ein Verhalten zeigt, das Sie stört, erklären Sie ihm liebevoll, was Sie sich stattdessen wünschen; seien Sie konsequent, wenn es sich nicht daran hält. Im Ernstfall beenden Sie die Mahlzeit und lassen es Ihr Kind noch mal bei der nächsten Mahlzeit probieren (wenn es zum Beispiel Essen zu Boden wirft oder herumschmiert).

Besuch

- Achten Sie darauf, dass Ihr Kind seine vertrauten Essens- und Schlafensgewohnheiten beibehalten kann.
- Sprechen Sie mit Ihrem Kind ab, welche gemeinsam vereinbarten Regeln gelten, wenn Besuch kommt.
- Bereiten Sie im Vorfeld Spielsachen vor, die Ihr Kind gemeinsam mit dem Kind/den Kindern des Besuchs spielen kann, und räumen Sie diejenigen weg, die das Kind nicht teilen möchte (zum Beispiel sein Lieblingskuscheltier).

- Zeigen Sie Ihrem Kind, wie man Gäste begrüßt und wie man sich wieder von Ihnen verabschiedet.
- Während des Besuchs sollten Sie darauf achten, dass zwischen den Kindern eine gute Atmosphäre herrscht, dass sie teilen und spielen, dass sie etwas zu essen bekommen, wenn sie hungrig sind. Stellen Sie auch sicher, dass sie sich an Sie wenden können, wenn es etwas zu zeigen gibt. Je nach Alter der Kinder können Sie auch einige Zeit aktiv mitspielen oder den Kindern helfen, eine Beschäftigung aufzunehmen, wenn Ihnen das allein nicht gelingt.
- Generell können Sie all das vorausplanen, was für Ihre spezielle Situation wichtig ist (siehe Kapitel 6).
- Wenn der Besuch wieder geht, können Sie mit Ihrem Kind nochmals nachbesprechen, wie es geklappt hat bzw. wie es war, Besuch zu haben.
- Die meisten Überlegungen können Sie auch für den Fall anwenden, dass Sie auf Besuch gehen.

Aggressives Verhalten

- Versuchen Sie herauszufinden, woran das aggressive Verhalten liegt. Wenn Sie sich nicht sicher sind, können Sie das Verhalten einige Zeit beobachten, mit einem guten Freund sprechen oder sich professionelle Unterstützung holen (Kindergärtnerin, Psychologin, Kinderärztin).
- Erinnern Sie Ihr Kind daran, welche Regeln beim gemeinsamen Spielen gelten oder vereinbaren Sie solche mit Ihrem Kind.
- Immer dann, wenn es Ihrem Kind gelingt, die vereinbarten Regeln einzuhalten, können Sie es für sein Verhalten loben.
- Manchmal braucht Ihr Kind Hilfe – oft gelingt es noch nicht, Probleme allein zu lösen. Unterstützen Sie Ihr Kind, ohne parteiisch zu sein. Fragen Sie bei beiden Kindern nach, was passiert ist, und fragen Sie die Kinder, ob Sie eine Idee haben, wie man das Problem lösen könnte.
- Wenn sich die Kinder wehtun oder massiv beschimpfen, sollten Sie Konsequenzen setzen. Im Notfall müssen sie das Spiel unterbrechen und getrennt weiterspielen. Sie sollten jedoch darauf achten, dass sie es später nochmals versuchen. Nur so können sie kooperatives Verhalten lernen.
- Sobald es gelingt, drücken Sie Ihre Wertschätzung aus und sagen den Kindern, dass Sie es gut gemacht haben, als sie freundlich und rücksichtsvoll miteinander gespielt haben.

Aufräumen

- Gestalten Sie das Aufräumen spielerisch und lassen Sie sich gemeinsam mit Ihrem Kind dafür Zeit.
- Räumen Sie mit Ihrem Kind zu für Sie passenden Zeiten regelmäßig auf.
- Berücksichtigen Sie das Alter Ihres Kindes. Je älter Ihr Kind wird, desto mehr kann es schon alleine aufräumen.
- Ermutigen und loben Sie Ihr Kind dafür, wenn es Teile selbst aufräumt.
- Beginnen Sie mit dem Aufräumen immer dann, wenn das Kind eine Tätigkeit beendet hat. Beispielsweise kann es sein Spiel noch zu Ende spielen, den Film noch fertig sehen.
- Kündigen Sie an, dass bald aufgeräumt wird.
- Helfen Sie Ihrem Kind, wenn es ihm schwerfällt, mit dem Aufräumen zu beginnen.
- Planen Sie nach dem Aufräumen etwas ein, was angenehm ist. So wird das Beenden des Aufräumens mit etwas Positivem in Verbindung gebracht. Dabei kann es sich um das Abendessen, den Ausflug zum Spielplatz oder Ähnliches handeln.
- Sollte Ihr Kind dann immer noch nicht aufräumen wollen, können Sie Konsequenzen setzen. Beispielsweise könnte sich die Zeit am Spielplatz verkürzen oder es gar nicht mehr möglich sein, dorthin zu gehen.

Stören

- Zuallererst: Seien Sie realistisch! Wie lange kann sich Ihr Kind alleine beschäftigen?
- Fragen Sie sich: Welche Situationen sind es, in denen mein Kind stört, wann und warum?
- Sprechen Sie dann mit Ihrem Kind, in welchen Situationen es wichtig ist, dass Sie ungestört bleiben können, und wie lange diese Phase dauern wird.
- Helfen Sie Ihrem Kind, für diese Zeit eine angemessene Beschäftigung zu finden.
- Besprechen Sie mit Ihrem Kind die Regeln, die für diese Situation gelten und sagen Sie ihm, was es konkret tun soll. Zum Beispiel: *„Lass mich fünf Minuten in Ruhe telefonieren."*
- Wenn Ihr Kind sich daran hält, sollten Sie ihm sagen, dass Sie stolz auf es sind und es schätzen, dass es das schafft.
- Überlegen Sie sich auch passende Konsequenzen für Ihre spezielle Situation, die Sie im Bedarfsfall setzen können.

Autofahren

- Klären Sie mit Ihrem Kind, an welche Regeln es sich beim Autofahren halten muss. Regeln beim Autofahren könnten sein, dass es sich anschnallt, mit angemessener Lautstärke spricht, auf seinem Platz bleibt etc.
- Helfen Sie Ihrem Kind dabei, dass es diese Regeln einhalten kann, indem Sie vor der Autofahrt dafür sorgen, dass es ihm während der Fahrt gut geht und es sich nicht langweilt.
- Wählen Sie dazu interessante Beschäftigungen mit ihm aus (Hörspiele, Bücher, Malsachen) und achten Sie darauf, dass Ihr Kind satt und ausgeschlafen ist, es sei denn, es schläft gern und gut im Auto.
- Planen Sie zunächst etwas kürzere Autofahrten ein, wenn Autofahren für Ihr Kind schwierig ist.
- Erinnern Sie Ihr Kind im Bedarfsfall an die Regeln.
- Loben Sie es, wenn es sich angemessen verhält.
- Schnallt sich ihr Kind ab, schreit herum oder verlässt seinen Platz, ist seine und Ihre Sicherheit gefährdet. Sie müssen Konsequenzen setzen, indem Sie rechts ran fahren und für kurze Zeit stehen bleiben. Erinnern Sie Ihr Kind nochmals an die Regeln und probieren Sie es erneut. Klappt es noch immer nicht, können Sie zurückfahren oder einen Teil der Strecke zu Fuß gehen, sodass Ihr Kind lernt, dass Sie so nicht weiterfahren können.

- Später probieren Sie es am besten noch mal oder Sie nehmen die Fahrt wieder auf.
- Hilfreich ist es, wenn Sie solche Situationen gemeinsam mit Ihrem Partner meistern können. Im „Notfall“ können Sie sich dann abwechseln.
- Wenn die Fahrt gut abgeschlossen wurde, können Sie diese nochmals mit Ihrem Kind nachbesprechen.

Einkaufen

- Mit einem Kindergartenkind sollten Ihre Einkäufe eher kurz, dafür regelmäßig sein. Riesige Supermärkte bieten viele Reize, die Ihr Kind überfordern können.
- Kaufen Sie zu Zeiten ein, in denen Ihr Kind ausgeschlafen und satt ist, berücksichtigen Sie die Gewohnheiten im restlichen Tagesablauf.
- Überlegen Sie vor dem Einkauf, was Sie einkaufen möchten. So halten Sie die Einkaufszeit kurz und Ihr Kind kann besser damit umgehen.
- Gehen Sie mit ihm vor dem Einkauf durch, was Sie von ihm erwarten. Sagen Sie das Ihrem Kind konkret: *„Ich möchte, dass du neben mir gehst.“ „Ich möchte, dass du mir hilfst, Sachen in den Wagen zu legen, die auf unserem Zettel stehen.“*.
- Planen Sie für Ihr Kind Beschäftigungen während des Einkaufs. Sie können einen Einkaufszettel schreiben oder zeichnen und das Kind beim Einkaufen Sachen in den Wagen legen lassen. Sie können mit ihm darüber sprechen und gemeinsam suchen, was Sie brauchen.
- Vereinbaren Sie mit Ihrem Kind die Regeln, die während des Einkaufs gelten sollen (beispielsweise in der Nähe bleiben, Sachen im Regal lassen etc.)
- Loben Sie Ihr Kind, wenn es sich an die Abmachungen hält.
- Sie können Ihrem Kind auch manchmal eine Belohnung geben, am besten unmittelbar nach dem Einkauf.
- Eventuell können Sie die Punktekarte für jeden „erfreulichen“ Einkauf einsetzen.

Medienerziehung

- Ihr Kindergartenkind sollte nicht mehr als eine halbe Stunde am Tag vor dem Bildschirm sitzen, idealer sind in diesem Alter andere, die Wahrnehmung fördernde Tätigkeiten.
- Beim Fernsehen sollten Sie darauf achten, das Programm oder den Film selbst gesehen zu haben, bevor ihn Ihr Kind sieht. So stellen Sie sicher, dass der Film geeignet ist. Die Altersangaben sind nur vage und entsprechen nicht immer Ihrem Kind!

- Wählen Sie ein Programm/einen Film aus, das/den Ihr Kind zu Ende sehen kann. Wenn das in Ihrem Tagesablauf nicht möglich ist, lassen Sie Ihr Kind den Film zu einem anderen Zeitpunkt sehen oder sprechen Sie vorher mit ihm darüber, dass es ihn nicht zu Ende sehen kann.
- Kinder lieben Wiederholungen. Es ist, ähnlich wie bei Büchern, für sie oft ideal, wenn Sie etwas mehrmals ansehen können. So verarbeiten Sie die Inhalte besser.
- Legen Sie sich aus diesem Grund einige für Ihr Kind geeignete Filme in entsprechender Länge zu. Sie können dann darauf vertrauen, dass Ihr Kind in stressigen Momenten einen geeigneten Film sieht.

Beim Arzt

- Planen Sie genug Zeit für Ihren Arztbesuch ein. Idealerweise nehmen Sie interessante Beschäftigungen oder Bücher mit oder wählen einen Arzt mit einem kindgerechten Wartebereich aus.
- Beschäftigen Sie sich vor und nach dem Arztbesuch intensiv mit Ihrem Kind. Spielen, reden oder lesen Sie mit ihm. So verknüpft es den Arztbesuch mit einer angenehmen Zeit mit Mama oder Papa. Die eigentliche Untersuchung sollte im Zeitverhältnis kürzer sein als die Zeit vor- und nachher.
- Wählen Sie einen Arzt aus, bei dem sich Ihr Kind und Sie wohlfühlen. Nur so kann eine Vertrauensbeziehung entstehen und das Kind wird wieder gern hingehen.
- Situationen, die mit unangenehmen Gefühlen oder Schmerzen verknüpft sind, kommen vor. Zahnarztbesuche, Impfungen etc. sind nicht immer angenehm. Besprechen Sie das vorher mit Ihrem Kind und sagen Sie ihm, dass es kurz wehtun kann. Sagen Sie ihm auch, dass es das schaffen wird und Sie bei ihm sind. Angst erhöht den Schmerz, deshalb ist es besser, wenn Sie mit Ihrem Kind sprechen und ihm erklären, was passieren wird, und dass es lernen kann, das auszuhalten.
- Bleiben Sie in solchen Situationen unbedingt bei Ihrem Kind. Halten Sie seine Hand, reden Sie beruhigend mit ihm. Sagen Sie aber auch klar, dass dies jetzt nötig ist. Ziehen Sie unangenehme Momente nicht in die Länge, indem Sie sie aufschieben. Das verschlimmert die Situation nur noch. Je schneller eine unangenehme Situation abgeschlossen ist desto besser.
- Anschließend können Sie Ihr Kind für seinen Mut oder seine Tapferkeit belohnen. Die Belohnung kann hier ruhig etwas größer

ausfallen – Sie könnten mit ihm zum Beispiel ein Eis essen gehen, den Lieblingsspielplatz besuchen oder sonst etwas tun, was Ihr Kind besonders gerne mag und selten vorkommt. Sie können sich auch ein eigenes Ritual überlegen, das immer nur dann stattfindet, wenn man zum Zahnarzt, zum Impfen etc. muss.

7.4. Schulstart

Nun ist es so weit! Noch hat man den Spruch der Freunde in den Ohren, die bei der Geburt des Kindes sagten: „Genieß es, du wirst sehen, so schnell kannst du gar nicht schauen, schon ist er/sie in der Schule."

Was man damals nicht geglaubt hat, erfüllt sich jetzt. Die Zeit ist sehr schnell vergangen und neue Herausforderungen warten. Die Aufregung vor dem ersten Schultag ist genauso Thema wie die Hausaufgaben. Eltern wünschen sich, dass ihre Kinder gerne lernen und dass es ihnen Spaß macht, in die Schule zu gehen. Es geht aber auch darum, Verantwortung für sich und seine Handlungen zu übernehmen sowie selbständiger zu werden. Das beginnt schon beim Schulweg, den das Kind ab jetzt meist selbst gehen darf.

Der erste Schultag

- Besuchen Sie das Schulgebäude schon einige Male, bevor Ihr Kind in die Schule kommt. Gehen Sie mit ihm gemeinsam den Schulweg ab und nutzen Sie die Möglichkeiten eines Tages der offenen Tür oder eines Schnuppertages.
- Gestalten Sie den ersten Schultag so schön wie möglich. Planen Sie genug Zeit ein, um rechtzeitig da zu sein, sodass Ihr Kind genug Zeit hat, die anderen Kinder und die Lehrperson zu sehen und mit ihnen Kontakt zu knüpfen. Planen Sie aber auch Zeit für danach ein, gehen Sie ein Eis essen oder machen Sie einen kleinen Ausflug, so dass der Tag als etwas ganz Besonderes in Erinnerung bleibt.
- Manche Eltern gestalten ein kleines Schulbeginn-Fest und laden Verwandte und Freunde zu Kaffee und Kuchen ein.

Hausaufgaben

- Unterstützen Sie Ihr Kind anfangs bei den Hausaufgaben, damit sich diese als ein Teil des Tagesprogramms fest einbürgern.
- Suchen Sie mit Ihrem Kind einen festen Platz aus, an dem es von nun an seine Hausübungen machen kann.
- Manche Kinder brauchen einen ruhigen Platz am Schreibtisch ihres Zimmers, andere sind lieber in Gesellschaft ihrer Mutter in der Küche.
- Gehen Sie mit Ihrem Kind zu Beginn immer die Aufgaben durch bzw. lesen Sie diese im Mitteilungsheft nach, wenn sie dort eingetragen werden.
- Lassen Sie Ihr Kind dann möglichst selbständig die Hausaufgaben machen.
- Kontrollieren Sie am Ende, ob die Aufgaben sorgfältig gemacht wurden.
- Wenn ja, loben Sie Ihr Kind und sagen Sie ihm, dass Sie zufrieden und stolz sind, wie gut es seine Aufgaben gemacht hat.
- Wenn nein, sagen Sie ihm, was es noch verbessern kann, und lassen Sie diese Aufgaben nochmals sorgfältig machen. Loben Sie Ihr Kind dann, wenn die Aufgaben zufriedenstellend erledigt sind.
- Nach einiger Zeit, in der Sie auf diesen Ablauf geachtet haben, kann ihr Kind dann schon selbständig beginnen und Sie brauchen es nicht mehr daran zu erinnern.
- Sagen Sie Ihrem Kind klar, dass Sie ihm helfen, wenn es Fragen hat oder etwas nicht versteht. Ermutigen und unterstützen Sie Ihr Kind! Bleiben Sie aber nicht andauernd neben ihm sitzen. Es kann sich sonst nicht daran gewöhnen, seine Aufgaben selbständig zu erledigen.

Lernen soll Freude machen

- Seien Sie selbst ein Vorbild! Reden Sie so oft wie möglich mit Ihrem Kind darüber, was sie gelernt haben und warum es Ihnen Spaß gemacht hat.
- Unternehmen Sie mit Ihrem Kind Dinge, bei denen es etwas lernt. Gehen Sie mit Ihm ins Museum, lesen Sie mit ihm ein Buch, blättern Sie in einer Zeitung oder recherchieren Sie im Internet. Probieren Sie etwas aus, machen Sie Experimente und nutzen Sie das „Lernen so nebenbei", von dem in Kapitel 4 die Rede war.
- Gestalten Sie das Lernen spielerisch, stellen Sie interessierte Fragen und zeigen Sie generell Interesse an dem, was Ihr Kind lernt.
- Achten Sie auf Dinge, die Ihr Kind lernt und die Sie nicht können oder interessieren. Wertschätzen Sie das Interesse Ihres Kindes.
- Drohen und strafen Sie nicht im Zusammenhang mit Lernen. Kinder lernen am besten, wenn sie dabei angenehme Gefühle haben.
- Belohnen Sie stattdessen positives Verhalten, indem Sie mit Ihrem Kind Zeit verbringen oder etwas unternehmen, was ihm besonders Spaß macht.

Verantwortung übernehmen

- Im Schulalter können Kinder schon einiges an Verantwortung übernehmen. Sie können ihnen beispielsweise zutrauen, die Katze zu füttern oder das Kistchen auszuräumen, den Tisch zu decken oder abzuräumen, den Geschirrspüler ein- und auszuräumen, ihre Zimmerpflanzen zu gießen, ihr Zimmer selbständig aufzuräumen, ihre Schultasche zu packen, kleinere Erledigungen und Einkäufe zu machen.
- Verantwortung zu übernehmen, ist wichtig, um sich kompetent zu fühlen. Es ist die Voraussetzung für weitere Schritte in der Pubertät.

Selbständig werden

- Kinder können allein ihren Schulweg gehen. Eltern können dies vorbereiten, indem sie ihn mehrmals mit ihnen üben. Im Sinne eines „loslassenden Begleitens" schaffen die Kinder den Schulweg normalerweise nach einigen Tagen allein.
- Das Gehen des Schulwegs ist wichtig,
  - um sich sicher und schulreif zu fühlen,
  - um Freundschaften zu pflegen, weil man sich auf dem Schulweg austauscht und über die Schule wie auch andere Dinge redet,
  - weil man Zeit hat, anzukommen bzw. zu verarbeiten, was war,

- um vor und nach der Schule Bewegung und frische Luft zu haben
- um sich in seiner Umgebung orientieren und verwurzeln zu können – sogenannte „Inselkinder“[1] können das oft nicht.

7.5. Was die Familie sonst noch beeinflusst

Fast alle Eltern machen sich sehr viele Gedanken über ihre Art, ihr Kind zu erziehen, und tun ihr Bestes. So sehr sie sich bemühen, manches liegt nicht in ihrem direkten Einflussbereich. Der Partner oder andere Personen übernehmen oft einen Teil der Betreuung und haben nicht immer dieselben Vorstellungen von der „idealen“ Erziehung des Kindes.

Auch die Sicherheit des Kindes ist ein sehr wichtiger Faktor in der Erziehung. Eltern können und sollen dafür sorgen, dass ihrem Kind in den eigenen vier Wänden nichts zustößt, was man verhindern hätte können.

Viele Kinder bleiben nicht immer ein Einzelkind. Daher ist es wichtig, sie im entsprechenden Fall auf die Ankunft ihres Geschwisterchens gut vorzubereiten, um die Basis für eine der längsten Beziehungen im Leben eines Menschen zu schaffen – die Geschwisterbeziehung.

Unterstützung des Partners

- Konzentrieren Sie sich auf Ihr eigenes Verhalten und darauf, was Sie dazu beitragen können, eine glückliche Beziehung zu ihrem Partner zu erhalten oder die Beziehung zu verbessern.
- Sehen Sie die Dinge, die Ihr Partner gut macht, und loben Sie ihn dafür, was er zur Erziehung der Kinder beiträgt. Sagen Sie ihm, was Sie an seiner besonderen Art schätzen und motivieren Sie sich auch in schwierigen Phasen.
- Zeigen Sie Ihrem Partner auf die für ihn beste Weise, dass Sie ihn lieben und dass er in Ihrem Leben einen besonderen Stellenwert hat.
- Machen Sie sich immer wieder bewusst: Ihre Beziehung ist der Platz, an dem Ihre Kinder aufwachsen. Machen Sie diesen Platz zu etwas ganz

[1] **Inselkinder:** Kinder die täglich von zu Hause zur Schule gefahren werden, können manchmal keine räumliche Verbindung zwischen den zwei Orten herstellen. Sie leben wie auf zwei Inseln – eine Insel ist die Schule, eine andere das Zuhause. Es kommt vor, dass die Kinder den Weg nicht selbständig gehen/finden könnten, das heißt sie können sich in der näheren Umgebung nicht orientieren.

Besonderem und leben Sie Ihren Kindern wenn möglich eine sichere, glückliche Beziehung vor.

- Sprechen Sie täglich mit Ihrem Partner über die Kinder – aber auch über andere Themen.
- Unterstützen Sie Ihren Partner, wenn es darum geht, schwierige Verhaltensweisen bei Ihren Kindern zu verändern. Ziehen Sie an einem Strang und sprechen Sie sich vorher ab, wie Sie mit der jeweiligen Situation umgehen möchten. Lassen Sie sich nicht von Ihren Kindern gegeneinander ausspielen, sondern zeigen Sie Ihnen, dass Sie ein Team sind, das gemeinsam Regeln und Wertvorstellungen vorgibt.
- Über sehr schwierige oder ernste Themen sollten Sie mit Ihrem Partner allein, in Abwesenheit Ihrer Kinder sprechen. Vor allem sollten Sie ungestört sein.
- Wenn Sie mit sich selbst oder den Kindern größere Probleme haben und Sie das Gefühl haben, diese allein nicht mehr bewältigen zu können (Ängste, Depressionen, Beziehungsprobleme), suchen Sie professionelle Hilfe auf.

Unterstützung durch andere Bezugs- und Betreuungspersonen

- Überlegen Sie in Ruhe, für welches Zeitausmaß Sie Betreuung benötigen.
- Denken Sie darüber nach, wie alt Ihr Kind oder Ihre Kinder sind und welche Form der Betreuung Sie optimal unterstützen könnte.
- Wählen Sie zwischen innerfamiliärer Betreuung und professioneller Betreuung die Form aus, die Sie ideal unterstützt. Wägen Sie dabei für sich persönliche Vor- und Nachteile der beiden Betreuungsformen ab.
- Seien Sie sich möglicher unterschiedlicher Ansichten und Wertvorstellungen bewusst und fragen Sie sich, ob Sie diese akzeptieren können oder lieber eine andere Person für die Betreuung Ihrer Kinder auswählen möchten.
- Wählen Sie generell eine kompetente und verlässliche Person aus.
- Beobachten Sie die Reaktion Ihres Kindes: *Fühlt es sich wohl? Geht es gerne hin oder freut es sich, wenn die Betreuungsperson kommt?*
- Berücksichtigen Sie, dass sich ein Kind anfangs an eine neue Person gewöhnen muss. Planen Sie dies ein, wenn Sie jemanden für die Betreuung engagieren.
- Wenn Sie Ihr Kind in den Kindergarten oder in eine Kinderkrippe geben: Entspricht die Grundhaltung der Ihrer Familie? Wie groß sind die Gruppen? Wie sind die Betreuungszeiten organisiert? Welche Regeln gelten in der Gruppe/bei den Betreuern? Wie weit ist die Betreuungseinrichtung von Ihrem Wohnort entfernt? Was ist für Sie sonst noch wichtig?

Sicherheit im Haushalt

- Besorgen Sie sich eine Liste möglicher Gefahren im und außerhalb des Hauses (beim Kinderarzt, bei einem Verein etc.).
- Gehen Sie Raum für Raum durch und machen Sie Ihr Haus sicher.
- Kontrollieren Sie genau nach.
- Sorgen Sie dafür, dass Ihr Kind stets beaufsichtigt ist.
- Bewahren Sie eine Liste mit folgenden Notrufnummern in der Nähe Ihres Telefons auf:
  - Hausarzt
  - Krankenhaus
  - Rettung
  - Feuerwehr

- Polizei
- Giftnotrufzentrale
- Nachbar(n) mit Auto
- Hilfreiche Freunde im Notfall

Ein Geschwisterchen kommt

- Beginnen Sie rechtzeitig damit, Ihr Kind auf das neue Baby vorzubereiten.
- Sprechen Sie viel mit Ihrem Kind über Babys, schauen Sie sich Bilderbücher an oder besuchen und treffen Sie Mütter mit Babys.
- Veränderungen im Tagesablauf Ihres Kindes sollten Sie lange vor Ankunft des Babys vornehmen, damit Ihr Kind nicht eifersüchtig wird.
- Beispiele sind der Eintritt in den Kindergarten, ein neues Zimmer oder der Wechsel vom Hochstuhl zum normalen Stuhl. Sie sollten Ihr Kind nicht genau dann mit dem Kindergarten beginnen lassen, wenn kurz vorher das Baby auf die Welt gekommen ist. Es könnte sich sonst abgeschoben fühlen. Ein neues Zimmer sollte es schon vor der Ankunft des Babys beziehen. Es könnte sonst denken, man wolle es jetzt loswerden. Einen neuen Platz am Tisch sollte es nicht erst dann erhalten, wenn das Baby seinen Hochstuhl braucht. Es könnte sonst das Gefühl haben, das Baby sei wichtiger, und eifersüchtig reagieren.
- Rechnen Sie mit gemischten Gefühlen bei Ihrem Kind, wenn es das Baby zum ersten Mal sieht. Erwarten Sie kein bestimmtes Verhalten von Ihrem „Großen“, es muss sich an die neue Situation erst gewöhnen.
- Beziehen Sie Ihr älteres Kind so viel wie möglich ein, lassen Sie es bei der Pflege und beim Spielen mit dem Baby mitmachen.
- Versuchen Sie jeden Tag eine gewisse Zeit nur allein für Ihr älteres Kind zu reservieren und verbringen Sie diese Zeit ausschließlich mit ihm.
- Planen Sie die Tagesabläufe neu, damit sich die Mahlzeiten Ihres Babys gut mit dem restlichen Ablauf in der Familie verbinden lassen.
- Helfen Sie Ihrem Kind, liebevoll mit dem Baby umzugehen, und loben Sie es, wenn ihm dies gelingt.
- Wenn Ihr älteres Kind sich zeitweilig selbst wie ein Baby benimmt, können Sie dies zunächst ignorieren. Das neue Ereignis führt bei vielen Kindern dazu, dass sie frühere Verhaltensweisen wieder aufnehmen. Es kann auch sein, dass es für einige Zeit wieder eine Windel braucht oder anfängt Daumen zu lutschen. Wenn sich alles eingespielt hat, sollte diese Phase der Regression (Rückschritt in bereits abgeschlossene Entwicklungsstufen) wieder aufhören.

Gespräch – Meine Familie und ich

Mithilfe der folgenden Übung können Sie Ihre Familie besser kennenlernen. Sprechen Sie speziell über jene Punkte, die im Moment für Ihre eigene Situation von Interesse sind. Beginnen Sie ganz oben und lassen Sie Themen, über die Sie nicht sprechen möchten, einfach aus. Greifen Sie diese, wenn Sie möchten, zu einem späteren Zeitpunkt wieder auf.

→ **Stellen Sie Ihre Familie symbolisch dar.** Zeichnen Sie alle Mitglieder in Form von kleinen Kugeln auf und verbinden Sie sie miteinander. Nun malen Sie einen Kreis um diejenigen, die für Sie zur engeren Familie gehören. Zeichnen Sie dann die anderen für Ihre Familie wichtigen Personen rundherum und verbinden Sie alle mit Linien. **Sprechen Sie darüber, wer für Sie zur Familie gehört und warum.**

→ **Durch welche Merkmale ist die Qualität der Beziehung zwischen den Familienmitgliedern gekennzeichnet?** (zum Beispiel: Sie sprechen häufig über persönliche Probleme / Die Eltern streiten sich häufig / Meine Mutter hat ständig etwas an mir auszusetzen / Wenn ich etwas sage, hört mir keiner zu / Am Wochenende unternehmen wir alle gemeinsam etwas ...)

→ **Hat sich in Ihrer Familie in letzter Zeit etwas verändert?** (zum Beispiel: Konflikte mit den Eltern haben zugenommen / Ich schreibe meinen Kindern weniger vor, was sie zu tun haben / Ich verstehe mich mit meinem Vater jetzt besser als mit meiner Mutter / Mit meiner Schwester unternehme ich mehr als früher ...)

→ **Welche Regeln gelten in der Familie? Welche Ziele werden verfolgt?**

→ **Stellen Sie symbolisch die für Ihre Familie relevanten Bezugsgruppen bzw. Bezugsinstitutionen dar, die das Familienleben beeinflussen.** (zum Beispiel Freunde, Schule, Lehrer, Kollegen ...)

- **Beeinflussen Freunde das Familienleben bzw. hat Ihr Familienleben Einfluss auf die Beziehung zu Freunden? Wenn ja, in welcher Art?**

- **Wie unterscheiden sich Beziehungen zu Freunden von Beziehungen zu Verwandten?**

- **Welchen Einfluss hat die Arbeit auf Ihr Familienleben?**

- **In welcher Weise haben Familienmitglieder Ihre Berufs- bzw. Ausbildungsentscheidung mitbeeinflusst? In welcher Weise möchten Sie als Eltern Einfluss auf die Berufsentscheidung Ihrer Kinder nehmen?**

- **Was waren die wichtigsten Anforderungen und Themen in diesem Lebensabschnitt? In welcher Weise haben sie das Familienleben beeinflusst?**

- **Welche Ereignisse sind als besonders belastend erlebt worden, wie wurde mit den Belastungen umgegangen und in welcher Form haben sie das Familienleben beeinflusst?**

- **Welche Persönlichkeitsmerkmale einzelner Familienmitglieder beeinflussen Ihrer Meinung nach die Qualität der Beziehungen in Ihrer Familie?**

- **Versuchen Sie, den Ablauf eines Ihrer Meinung nach häufig auftretenden Interaktionsmusters (Kommunikationsmusters) aufzuschreiben.** (zum Beispiel: Wie verlaufen Diskussionen zwischen Ihnen und Ihrer Mutter/ihrem Vater? Was sagt oder tut wer? / Wie laufen gemeinsame Mittagessen am Sonntag ab? ...)

- **Was wäre Ihrer Meinung nach anders in Ihrer Familie, wenn Sie in einer anderen geschichtlichen Epoche oder in einem anderen Kulturkreis leben würden?**

- **Wie sieht Ihre Traumfamilie aus?**

- **Wie sieht Ihre Albtraumfamilie aus?**

ZUM NACH- UND WEITERLESEN

Ayres, A. Jean, Bausteine der kindlichen Entwicklung, Störungen erkennen und verstehen, Ganzheitliche Frühförderung und Therapie, Praktische Hilfe für Eltern, Springer Verlag, 2002

Bartl, Almuth, Oscar für Kids, Die 100 tollsten Belohnungen und warum Lob glücklich macht, Öktopia Verlag, 2007

Bauer, Joachim, Warum ich fühle, was du fühlst, Intuitive Kommunikation und das Geheimnis der Spiegelneurone, Heyne Verlag, 2006

Boie, Kirsten, Mittwochs darf ich spielen, Oetinger Verlag, 1993

Butzkamm, Jürgen und **Wolfgang**, Wie Kinder sprechen lernen, Kindliche Entwicklung und die Sprachlichkeit des Menschen, Francke Verlag, 2004

Chapman, Gary/Campbell, Ross, Die fünf Sprachen der Liebe für Kinder, Francke Verlag, 200

Chomsky, Noam, Sprache und Geist, Suhrkamp Verlag, 1970

De Saint-Exupéry, Antoine, Der kleine Prinz, Karl Rauch Verlag, 2010

Döpfner, Manfred/Lehmkuhl, Gerd/ Heubrock, Dietmar/Petermann, Franz, Ratgeber psychische Auffälligkeiten bei Kindern und Jugendlichen, Informationen für Betroffene, Eltern, Lehrer und Erzieher, Hogrefe Verlag, 2000

Donaldson, Margaret, Wie Kinder denken lernen, Intelligenz und Schulversagen, Serie Piper, 1991

Faltermaier, Toni/Mayring, Philipp/ Saup, Winfried/Strehmel, Petra, Entwicklungspsychologie des Erwachsenenalters, Kohlhammer Verlag, 1992

Fromm, Erich, Die Kunst des Liebens, Ullstein Verlag, 2005

Gordon, Thomas, Familienkonferenz, Die Lösung von Konflikten zwischen Eltern und Kind, Heyne Verlag, 1989,

Grossmann, Karin/Grossmann, Klaus E., Bindungen – das Gefüge psychischer Sicherheit, Klett-Cotta Verlag, 2006

Haug-Schnabel, Gabriele, Wie Kinder sauber werden können, Was Sie als Eltern wissen müssen, damit das Sauberwerden klappt, Oberstebrink Verlag, 2003

Hart, Betty/Risley, Todd R., Meaningful differences in the Everyday Experience of Young American Children, Verlag: Paul H. Brookes Publishing Co., 2004

Hendrix, Harville, So viel Liebe, wie du brauchst, Der Wegbereiter für eine erfüllte Beziehung, Renate Götz Verlag, 2007

Kain, Winfried/Bukovics, Maud/ Edtinger, Bernadette/Reithmayer, Sandra/Scharf, Marion, KLIK – Konflikte lösen im Kindergarten, Ein praxiserprobtes Trainingsprogramm zur Konfliktbewältigung für Kinder von 5-7 Jahren, Cornelsen Scriptor Verlag, 2007

Kauffeld, Simone, Teamdiagnose, Verlag für angewandte Psychologie, Göttingen, 2001

Kavelin Popov, Linda/Popov, Dan/ Kavelin, John, The family Virtuos Guide: Simple Ways to Bring Out the Best in Our Children and Ourselves, PLUME, Penguin Books USA, 1997

Kiziak, Tanja/Kreuter, Vera/Klingholz, Reiner, Dem Nachwuchs eine Stimme geben, Was frühkindliche Sprachförderung leisten kann, Discussion Paper 6, Berlin, Institut für Bevölkerung und Entwicklung, 2012

Kohnstamm, Rita, Praktische Kinderpsychologie: Die ersten 7 Jahre. Eine Einführung für Eltern, Erzieher und Lehrer, Huber Verlag, 2006

Kunze, Petra/Salamander, Catharina, Die schönsten Rituale für Kinder, GU Verlag, 2000

Largo, Remo H., Babyjahre, Entwicklung und Erziehung in den ersten vier Jahren, Piper Verlag, 2011

Oerter, R./Montada, L. (Hrsg.), Entwicklungspsychologie, Beltz Verlag, 2002

Opelt, Rüdiger, Die Kinder des Tantalus, oder: Ausstieg aus dem Kreislauf seelischer Verletzungen, Czernin Verlag, 2003

Pentley, Elizabeth, Schlafen statt Schreien, das liebevolle Einschlafbuch, TRIAS Verlag, 2009

Reimann, Gereon, Lieben statt verwöhnen, Warum wir unseren Kindern nicht jeden Wunsch erfüllen sollten, Herder spektrum, 2006

Ringel, Erich, Die ersten Jahre entscheiden, Bewegen statt erziehen, Verlag Jungbrunnen, 1995

Piaget, Jean, Das Weltbild des Kindes, dtv, 1992

Satir, Virginia, Selbstwert und Kommunikation, Familientherapie für Berater und zur Selbsthilfe, pfeiffer Verlag, 1993

Schneewind, Klaus A., Familienpsychologie, Kohlhammer Verlag, 1999

Seymour, John/O´Connor, Joseph, Neurolinguistisches Programmieren: Gelungene Kommunikation und persönliche Entfaltung, VAK Verlag, 2000

Spitzer, Manfred, Vorsicht Bildschirm! dtv, 2006

Steiner, Gerhard, Lernen, 20 Szenarien aus dem Alltag, Hans Huber Verlag, 1988

Stern, Daniel, Die Lebenserfahrung des Säuglings, Klett-Cotta Verlag, 2010

Tschöpe-Scheffler, Sigrid, Fünf Säulen der Erziehung, Wege zu einem entwicklungs-fördernden Miteinander von Erwachsenen und Kindern, Patmos Verlag, 2003

Tschöpe-Scheffler, Sigrid, Konzepte der Elternbildung – eine kritische Übersicht, Verlag Barbara Budrich, 2005

Tsirigotis, Cornelia/Von Schlippe, Arist/ Schweitzer-Rothers, Jochen, (Hrsg.), Coaching für Eltern, Mütter, Väter und ihr Job, Carl Auer Systeme Verlag, 2006

Ulsamer, Bertold, Ohne Wurzeln keine Flügel, Goldmann Verlag, 1999

DANKSAGUNG

Ganz herzlich Danke sage ich zu meinem Mann für die vielen Wald- und Parkspaziergänge mit Laurin zu den „Enten", die es mir möglich gemacht haben, die Zeit für das Schreiben dieses Buch zu finden.
Vielen Dank für die schönen Fotos, die meine Worte in Bilder kleiden und über Jahre immer wieder in besonderen Momenten aufgenommen wurden.

Besonders danken möchte ich meinen Kindern, einfach dafür, dass sie mein Leben so bereichern.

Danke sage ich auch all denjenigen, mit denen mich meine Arbeit in den letzten Jahren verbunden hat, all den Mitarbeitern in den Bildungseinrichtungen, an denen ich meine Seminare halte, all den Kursteilnehmern, die mein Konzept einer liebevollen Erziehung in die Gesellschaft hineintragen, all meinen Freunden und den Menschen, die mich unterstützen.
Danke dem Athesia Verlag, der meine Idee, dieses Buch zu schreiben, aufgegriffen hat, und ein besonderes Dankeschön an Frau Astrid Fleischmann für die angenehme, unkomplizierte und humorvolle Zusammenarbeit, die mir großen Spaß gemacht hat.